JN044585

若き日の映画への熱狂

わが菊地浅次郎、私もあなたのようになりたかった

鈴木輝夫

ごまめ書房

若き日の映画への熱狂　わが菊地浅次郎、わたしもあなたのようになりたかった

目次

表紙・本扉イラスト＝中田好美

わが菊地浅次郎、私もあなたのようになりたかった

一本の映画が、人に如何ほどの影響力を持つか。一本の映画の為に絶望の渕より人は脱出できるのであろうか？　一本の映画が、その人間の思想や生きざまを変えることができるであろうか？　映画は、それほどまでに力が有るのであろうか？

今、四面楚歌の池田大作氏も苦悩した若き日、『青い山脈』を見て立ち直ったではないか!?（映画『人間革命』より）

「映画は若者のものである」――真理である。映画館の闇の中にすべてがある。闇の中にいる時間が短くなるほど人は年を取ってしまっているのである。そして、それは思い出としての映画しか残らないのである。

闇の中のナイーブな青年には、すべての世界がスクリーンに有る。

思い出としての映画しかもう持てない私には闇の中に世界はない。しかし思い出としての映画の中から己の人生、思想を規定した映画を持っている。

胸を張って、そして少し照れながら言ってしまおう。

『明治侠客伝　三代目襲名』。多くの映画青年の様に、ゴダール、ベルイマン、大島、小津でなく

て、なぜ加藤泰であるのか、それは一言で言えば、この映画で理想像としての「男」を見たからである。『カサブランカ』のニックのような。

菊地浅次郎。本気で菊地浅次郎（鶴田浩二）に為ろうとした。そして初江（藤純子）の様な女に惚れようとした。浅次郎のドスの閃光に己の思想を仮託し、初江のような女から、桃のプレゼントを貰いたかった。――幾星霜――浅次郎の様にも為れなかったし、初江の様な女にも惚れなかった（惚れられなかった）。浅次郎の強固な意志と情念の炎、敵の深部を刺す、完璧なるテロリズム。半端な己にはなれなかった。惨死した映画評論家が、男ならだれでも女からあのようなプレゼントを貰いたいものだと言った。

やっぱり、あの桃は今でもみずみずしいのだ。あれから10年以上、今でも菊地浅次郎になりたいと思う。「木屋辰三代目」の金看板の「義理」のため、「情」の初江を切る。浅次郎は、おろかであるのか？　おろかである!!　人間のおろかしさは滑稽であり悲しみである。三島由起夫が鶴田には「おろかしさの美学」があると言ったが、浅次郎の顔には人間としてギリギリの時に見せる美しさがあった。己の女が敵に身請けされて行く、男としての屈辱、官能の世界に溺れた甘美な思い、それらの思いを切らせる「盃」。浅次郎（鶴田）には、花田秀次郎（高倉健）にない官能の世界に遊ぶ好色性がある。好色であるが故にそれらを切ることのつらさが深い。

あの様な顔になりたいと思った。修業を積むことか、女をもっと知ることか、女に惚れることか、そして断ち難い思いを切ることか。我が、菊地浅次郎、あなたは、どのようにしてあの顔を持ったのであろうか。日々、怠惰な日常と、酒に溺れる日を送り、去って行った女に未練を残す、浅次郎になれなかった浅次郎は、あの10年前のスクリーンに向って叫び続けるのであります。「私も、あなたのようになりたかった」と。もう、ほとんど映画館の闇の中にいる時間的、空間的な場を持ち得ない現実は悲しい。菊池浅次郎も初江も、スクリーンに咲いた、まぼろしの花なのかも知れない。まぼろしであるから美しいのであろうか、まぼろしであったからあの様な「顔」を持てたのであろうか。『男の顔は履歴書』であるのなら、私も「自分の履歴書」は菊地浅次郎の様な「顔」を持ち、妻の欄に初江と書きたいと思う。

大阪、中之島公園で水蜜桃しか貰えなかった男は不幸であったのか？水蜜桃しか差し出せない女は不幸であったか？恐らく、不幸であったろう。しかし、その水蜜桃の「不幸の甘さ」を「幸せ」に思ったであろう。浅次郎よ、初江よ!! 闇の中で赤く咲け。

（１９８３年８月）

錦之助よ、さらば。闇の中で赤く咲け!!

一ヵ月余りの長き日々を、病院のベッドで反転を繰り返し続け、悶絶した。

私には密かな「夢」があった。ずっと昔から。「夢」と言うより、それは、殆ど夢想に近い。

一、20年前の石原裕次郎の様に（赤木圭一郎でも可）、夜の波止場で夜霧に咽び、コートの襟を立て、霧笛を遠くに聞きながら、北原三枝、乃至、浅丘ルリ子の様な女（最高の希望は芦川いづみ!!）と、わかれる事。粋な台詞を残して。

二、鶴田浩二の様に（絶対に鶴田の様に!!）、「こと」の終った後の気怠さの中で、鮮やかな緋色の蒲団の上で淡いスタンドの灯に照らされながら、桜町弘子、乃至、藤純子の様な女（最高の希望は工藤明子!!）の黒髪をもてあそびながら、ゆっくりと煙草を燻らす事、（できたら吸い口付きの「朝日」がよい!?――）。

三、「大いなる才能と可能性」を持ちながら、死のベッドに横たわる佐田啓二の様な白皙の二枚目（岡田時彦でも可）。辺に侍る看護婦は、20年前の若尾文子、乃至、15年前の長内美那子（最高の希望は40年前の田中絹代!!）。

今、その一つが現実に為ろうとしていた‼

腹部の激痛は脂汗を浮かせ、死は指呼の間に迫りつつあった。否あったと思えた。痛み止めの注射を哀願する「佐田啓二」に、「崩れた面相の40年前の田中絹代嬢」は、『さっき射ちましたから、我慢して下さい』。嗚呼——、「高石かつ枝」に「佐田啓二」は冷たく見捨てられた‼。

斯(か)くて、「夢」は破れて、スターの座から転げ落ち、入院費を心配する、国民健康保険に縋(すが)る大部屋の一患者に為り果てた。

5日間の激痛の後、「死の淵」より脱出‼ 人心地がついて、輸血の管を、ぼんやりと見詰めていた「転落した佐田啓二」に、隣りの患者の付き添いのおばさんが、女性週刊誌を見せてくれた。その中に「美談」として淡路恵子の記事が載っていた。我が身と同じ錦ちゃんを思った。我が身と錦兄いとは同じ境遇なのだ‼ 病院に担ぎ込まれる直前に、録画を頼んでおいた『遊侠一匹 沓掛時次郎』の「雪」が浮んだ。

週刊誌のカラーグラビアには、醜く脹れた「肉」を豪華なガウンに包み、力なく微笑む錦ちゃん、その後に立つ、痩せて筋の浮き出たヒステリー性の貌に、眼だけがやけに大きな、厚化粧の淡路恵子が写っていた。

無残——。想いは中村錦之助に飛んだ。

役者にとって、殊にスターにとって、いや、矢張りスターに於てのみ現在形として「美」であらねばならない。「美」であらねば、それは、昔、スターであったのでしかないから。(「美」と言う概念を他の物に置き変えても良いが、今は「美」が適当であろうと思う) 17年前の今、最高の「美」の影であった沓掛時次郎は、矢張り、17年後の今も「美」であろう。

フィルムの中では時間は停止しているのだから。

積った雪が音も無く崩れただけでも、又、緩やかな風が小さな梢を揺がしただけでも、忽ち崩潰してしまう様な凄まじい程の鋭角的な繊細さ、喋れば喋る程深化する辛さ、笑おうとすれば笑う程、内から突出する苦しさ。

土手の枯れ薄に、指先でも触れ様ものなら、そこから直ちに、赤き血潮が噴き出す程の想い。圧縮され続ける肉体は、又、情念は、その最高点で弾け飛ぶ――。

『お絹さん』から『お絹――』への決定的な「位置」の逆転――。

そして、スターである時次郎、否、中村綿之肋（あるいは萬屋か）は17年の時空を越えて、いや17年前の今と直結して、あの時と同じく「美」であらねばならない。スターであり続けるならば。

錦之助は、闘わなければならない。今の己と17年前の己のフィルムの影の「美」と。

殆ど絶望的な闘いである。「時」は残酷である。「老いる生身」は醜美を明確にする。一方は停止しているのだから。「美」のただ中で!!。

スターである故、「演技力」などと言う小技は通用しない。

スターは常に「美」としてしか、その意味を為さない。しかし、一方は停止しているのであり、「美」のただ中で生きている。

闘いは常に絶望的な結果しか、もたらさないのか？

老いてゆくスターは、常に敗死への道を甘受せねばならぬのか？　否――。否――。

「木屋辰」の安泰とぼん（津川雅彦）の「自立」とを確認して「テロルへの道行」に見せる浅次郎（鶴田浩二）の相（『明治侠客伝　三代目襲名』）は、佐々木小次郎の前髪姿（『宮本武蔵』）より「美」

ではないか!!

己の流した血の海でのたうち、自ら地獄に落ちんと欲する。軍命部次長・大西瀧治郎海軍中将(『あゝ海軍決戦航空隊』)の相は、海軍飛行予備学生・大瀧中尉の飛行服姿(『雲ながるる果てに』)より「美」ではなかったか!!

「あの時代」に見せた鶴田の相は、総て、「美」であり続けた。どの様な凡作においても。あの貌に刻まれた相は、凄絶なまでの「美」であり続けた。

『弥太郎笠』(デビュー作)より「あの時代」を過ぎ、『男たちの旅路』(NHK)に至る軌跡に於て、何処で、何様に、あの相を己に刻み込んだのか?

——任侠道を信奉する若衆(なんと、あの若き日の山健!!)に、その白皙の貌を割られし為か。岸恵子との「愛の逃避行」の為せる技か。独立プロでの苦悩故か。映画会社を渡り鳥よろしく、歩きし為か。——

とまれ!!。卑しき詮索は止めよう。「停止した影の美」に、今が勝っているのである。今、鶴田浩二、齢(よわい)59。還暦、一歩手前。

いま、一人。

高倉健。多くを語るまい。

『死んで貰います』の一言で、己自身の「停止した影の美」を、刺し貫いた。饒舌から寡黙への軌跡に於て。

更に、田中絹代。

「おさき」が見せた透徹した相は、その刻まれし皺すらも「美」に転化せしめ、「演技力」などと

錦之助よ、さらば。闇の中で赤く咲け!!

言う小賢しいものでは出しえない「貌」を創った（『サンダカン八番娼館　望郷』）。時に田中絹代嬢、齢65。

大正13年、14歳でデビュー。それ以後、「高石かつ枝」から「おさき」までの凄まじいまでの軌跡を経て（『小説　田中絹代』・新藤兼人）、あの「美」に到達。

鬼籍に入るまでスター。

「東映時代劇」が崩壊し、錦之助はテレビ時代劇へと転進（!?）し、更に「東映時代劇」復活を目論んだ数本の映画に出て、何れも「醜さ」と「無残さ」を晒した。

今、病いに倒る。あのグラビアの前に勝負は決定していたのだ。

錦之助よ、さようなら――。

時次郎よ、弥太っぺよ、忠太郎よ、停止した時間の中で美しく輝け!! そして、それが闇の中で咲く時、我らの錦之助に会おう。

雪が上州の宿場町に静かに落ち（『遊侠一匹　沓掛時次郎』）、むくげの花の垣根が、あの娘との間に「壁」を創り（『関の彌太ッペ』）、夕ぐれの河原の薄が朱に染まる（『瞼の母』）。

みんな美しい。美しい。

『上下の瞼ぴったり合わせりゃ、絵に描く様に出てきたものを、わざわざ骨を折って消してしまったヨ。』（『瞼の母』長谷川伸＝原作、脚本・監督＝加藤泰より）。

（１９８３年12月）

鶴田浩二論

第一回

『今の私は怒髪天をつくの怒りにもえています、私は今は　陛下を御叱り申上げるところに迄　精神が高まりました、だから毎日朝から晩迄　陛下を御叱り申しております、』

その男の口からこの言葉が吐かれた時、私は嘘だと思わず心中で叫び、全身が硬直した。私は自分が新宿東映に居ることを半ば忘れていた。この男の口から、その様な言葉が吐かれることは絶対にない。断じてあってはならない。あろう筈がない。

恋闕（れんけつ）。恋闕一方ならぬその男のその口からこの様な言葉が。最高の俳優、鶴田浩二から、否、最高の役者、鶴田浩二から、否々、磯部淺一一等主計（帝国陸軍・大尉に相当する主計武官）の口から、再度、否、正確には鶴田浩二演ずる磯部淺一の口から、彼らが神とも思い恋闕した昭和天皇、否、正確には大元帥陛下に対し奉り、こんな不敬な激烈なる言葉が吐かれる筈は絶対にないと思った。

だがそれは驚くなかれ事実であった。思えば、膨大な資料と莫大な参考文献を綿密に調べて書き上げる、笠原和夫のホンに偽りなどあろう筈がない。私は後日、それを神田の大型書店で見付け出した。それは、河野司編『二・二六事件　獄中手記・遺書』なる一冊である。五五八ページにも及ぶ大著である。河野司は、湯河原に前内大臣牧野伸顕を襲撃して失敗し、自決して果てた河野壽大尉の実兄である。

何れの青年将校も悲痛極まりない手記や遺書を遺しているのだが、後の民間人の裁判のため執行を延期された、村中孝次大尉と磯部淺一一等主計の遺書は驚くほど膨大な量である。二人は二・二六事件の時には、以前『粛軍に関する意見書』を作製、配布して免官されている。二人は決起部隊の実質的中心人物である。特に、磯部淺一の誤字脱字の多い手記・遺書は、激烈この上なく凄まじいの一語に尽きる。恐らく、それでも磯部は書き足りなかったであろう。

磯部は看守が好意で差し入れてくれた粗雑な紙に、びっしりとその無念さとその悲憤慷慨を、書き連ねている。

曰く、『天皇陛下　何と云ふ御失政でありますか　何と云ふザマです、皇祖皇宗に御あやまりなされませ、』

曰く、『天皇陛下は何を考へて御座られますか　何ぜ側近の悪人輩を御シカリ遊ばさぬので御座ります　陛下の側近に対してする全国民の轟々たる声を御きゝ下さい』

曰く、『俺は死なぬ、死ぬものか、日本をこのまゝにして死ねるものか　俺が死んだら日本は悪人輩の思ふまゝにされる、俺は百千万才　無窮に生きているぞ』

とまれ――。私は二・二六事件に就いて書き過ぎた。それほどに鶴田浩二の磯部淺一は凄かった。妖気漂うまでの凄まじさであった。映画は『日本暗殺秘録』。監督は中島貞夫。ホンは笠原和夫。公開は昭和四四年度。傑作である。間違いなく傑作である。

この映画はオムニバスで桜田門外の変から始まって様々の暗殺事件を描き、最後は二・二六事件で終っている。将に、全編、血潮の海であり、屍の山である。陸軍衛戍（えいじゅ）監獄に繋がれた磯部は、薄汚れた軍用毛布を頭からすっぽりと被り、薄明かりを頼りに先の呪詛の数々を書き連ねる。その激烈なる言葉に、眉間を銃弾に貫かれて処刑さるる青年将校の映像が被さる。哀しくも凄まじい美しさに溢れている。鶴田には実に〝血〟が似合う。そして哀しいほどに〝殺し〟が似合う。

鶴田の妖しさを孕んだ独特なエロキューションは、常に立居振舞の見事な芝居をする彼に、更なる奥深さを与えて輝きを増す。私は若くして亡くなった父親と殆ど同世代の、大正生まれのこの二枚目役者に、限りない憧憬と仰ぎ見るがごときの称賛を覚えている。私は役者鶴田浩二に因って、〝人生〟を既定或いは規程されたと密かに思っている。私はこれから彼についての限りなきオマージュを書く積りである。

否、それは予兆としてレクイエム、否々、エレジー、つまり、挽歌になるような気がする。私自身、役者・鶴田浩二の〝悲劇性〟が、オマージュを書きながらも仄見え始めているのである……。

（2004年9月）

第二回

人は、多くの人は嫌いだと言う。嫌いと言わないまでも余り好きではないと言う。特に男は先ず嫌いだと。が、女には絶大なる人気を得た。

『大東亜戦争』（世界史的に見れば『第二次世界大戦』であり、アメリカ合衆国から見れば『太平洋戦争』であるが、日本から見れば断固『大東亜戦争』である。それは宣戦の詔書の、「東亜永遠の平和ヲ確立シ以テ帝国ノ光栄ヲ保全セムコトヲ期ス」である。因って、それは断じて『大東亜戦争』であらねばならぬ）が完膚なきまでの日本の敗北に終り、暫くして、高田浩吉の弟子から映画界にデビューした鶴田浩二は、その類い稀なる壮絶な美貌故に忽ちスターになった。と、書きたい処であるが、実はそうではないのである。

昭和二二年、二二歳の年、戦前からのスターで師匠でもある高田浩吉の紹介で、松竹映画のカメラ・テストを受けるが落ち、その他大勢の大部屋俳優になる。二二歳の若い鶴田には壮絶な美貌だけは持っていたが、抜きんでた強烈な個性と、自己を主張するアクの強さの様なものが、恐らく欠けていたのだと思う。

だが、それは長く続かなかった。画面に映し出されたその美貌だけに女達は夢中になった。何時の時代もそうである。私は別に女性を貶(おとし)めている訳ではない。寧ろ、二枚目スターとは斯くある可きだと思う。男達からは、常に常に、羨望と嫉妬の眼差しで見られるものだと思っている。

当時の女達は映画館に殺到し、姦(かしま)しい程の黄色い悲鳴を上げた。敗戦で全く自信をなくしたのか、かつ又、彼の人の美貌に始めから勝負を諦めたのか、そんな女達を密かに舌打ちしながら横目で見ていた。二枚目俳優絶頂の頃、当時刊行されたばかりの週刊誌に、『鶴田浩二ばかりが何故もてる!!』の見出しで、その凄まじいともいえる女性人気が記事になった。戦前の林長二郎、即ち、長谷川一夫張りのもて方であった。事実、長谷川一夫は鶴田浩二を自分の後継者にと、密かに考えていたと言われている。やがて鶴田浩二は、佐田啓二、高橋貞二と共に松竹青春映画の三羽烏と言われる俳優になっていく。佐田啓二は『君の名は』で人気の頂点に、高橋貞二は『楢山節考』で好演した。

が、佐田啓二は昭和三九年、交通事故死。高橋貞二はもっと若く、『楢山節考』直後に事故死。痛ましいのは、若い未亡人が後追い自殺してしまったことだ。

　これは、飽くまでもたら、ればの話であるのだが、『君の名は』を制作した昭和二八年の時点で、鶴田浩二は松竹を辞めていなかったら、この映画の後宮春樹役は、恐らく彼になったのではないか……。鶴田が辞めた訳は後に書きます。春樹の鶴田浩二、真知子の岸恵子。私は合っていたと思う。例の東京空襲の夜、数寄屋橋上で偶然に会う二人。名も告げられず別れる二人。今も、語り種となっている名場面。当時の女性達の紅涙をしぼったあのシーンに、私は鉄カブト姿の若き美男スター・鶴田浩二を立たせて見たかった。夢想である。恐らく、彼なら甘さ溢るるナイーブさで演じ切ったであろう。が、私はその夢想を直ぐに否定した。貌が違うのである。何人も明日をも知れぬ戦争末期の空襲下の帝都・東京に、必死で暮らす男の貌では絶対にないのである。

　当時の日本人の男の貌は、がっしりとエラ張り頬骨高く、丸で、何かに憑かれたかの如くの相貌をしていたのである。厳を放つ日本人然としたおのこの貌。やはり、佐田啓二で良かったのである。いや、彼だからこそ大ヒットしたのである。

　私はその頃の鶴田の映画を、そんなに多くは見ていないのだが可成り好きである。美空ひばりと共演した『あの丘超えて』の学生服姿（!!）で、馬上から手を振る初々しい姿は、今も鮮やかに目に浮かぶし、後に失踪事件を起す岸恵子と共演した『ハワイの夜』などは、確かに甘く凄い二枚目だなあと感心した記憶がある。

　映画全盛時、当然の如く各社スター男女優の順列組合せが、ラインナップされていた。この時期、当然鶴田も松竹スター女優と共演。私は当時の女優では、津島恵子が大好きである。勿論、彼女が中年女性になった頃、津島恵子を知ったのであるが、若い頃の輝く許りの初々しい清楚さには正直目が眩んだ。

『悲しき口笛』。十二歳の美空ひばりの主演第一作。監督は家城巳代治。昭和二四年度公開。昭和四八年、私は『悲しき口笛』を見た。私は美空ひばりの映画だから見たのだが、確かに唄は天才的に上手であったがそのこまっちゃくれた仕種には、些(いささ)か辟易した覚えがある。

その所為か、戦災孤児の彼女を一身に助ける、姉の様な優しい女性を演じた、津島恵子の輝きに眩しさを感じた。『安芸家の舞踏会』、『帰郷』、『七人の侍』、『ひめゆりの塔』。どれも良かった。清楚さ溢るる輝き。

彼女も鶴田浩二と共演した作品が多くある。『乾杯！　若旦那』、『若人の誓い』、『天使も夢を見る』、『お茶漬の味』、等々。『天使も夢を見る』は、鬼才・川島雄三の監督。『お茶漬の味』は、言わずと知れた名匠・小津安二郎である。『お茶漬の味』の一場面に、鶴田と津島が壁に向かったテーブルでラーメンを啜るシーンがあるが、如何にも小津らしいカット割りでつないでいる。私はそのシーンを見て密かに思ったものである。果して、鶴田はどんな思いで小津の演技指導なり、演出プランなりを受け入れたのであろうか？　一言居士の鶴田。絶対に自分の思い通りのカットを要求して譲らぬ小津。二人は完全に異質。楽しそうにラーメンを啜る二人。津島はともかく、鶴田はその笑顔の下にどんな思いが……。胸中や如何に？　想像するだに愉快である。

尤も、一言居士になったのはずっと後世。その当時は、売出し中の松竹看板青春スター。恐らく、小津に一も二もなく黙って従ったであろう。鶴田浩二・津島恵子のコンビは、昭和二六年から二七年、二八年と、雑誌『平凡』（!!）の読者人気投票の堂々一位である。何故、私がその当時の彼が好きか？

それは『後出し』だからである。

父親と殆ど同世代である鶴田浩二とは、当然であるが『同時代性』はない。私は『ある地点』から逆に、彼を見ているのである。若し、私が当時の若者であったなら、恐らく、その時代の男一般と等し並に彼が嫌いであったろう。『ある地点』――。それは追い追い書くことになるだろうが、とにかく、私にとって『ある地点』は絶対的に自己を規程したのだ。

鶴田浩二の本名は小野栄一であり、出身は私と同じ静岡県である。もっとも私は辺鄙な片田舎。彼は地方とはいえ浜松市である。一九二四年、即ち、大正十三年生まれである。

芸能に身を投ずる多くの者がそうである様に、彼自身も出生は必ずしも幸福であったとは言えなかった。鶴田は実父の戸籍には入れられず、母親の再婚相手の戸籍に五歳の時に入籍されたと言う。彼の実父は、その筋の遊び人だったと言われている。

『芸能』とは洋の東西を問わず、そして古来から、『差別』と『貧しさ』の中から、必然的必要性故に生まれてくるものなのである。ある時は『政治』と一体化して『隷属化』し、又ある時は、『政治』に反逆して『鋭利なる批判者』として自己を存在せしめる。

それは『聖』であり『俗』であり、かつ又、『卑』でもあるのだ。それは実に遠大なテーマでもあるのだが、私の様な浅学の者には論じかねる。そこにこそ、『芸能の本質』があると思うのだが……。私に判ることは、芸能の世界に棲息する者は、『埒外の世界』に生きている者、或いは生きざるをえなかった者達の世界であると言うことだ。我らの『埒外の世界』。太古の昔より、陰に陽に様々な『差別』を孕む、我々『カタギ者』の住めない世界。否、住むことを断固として拒絶する世界。私がこの様に考えるのは、松田修の影響が実に大きい。私が彼を知ったのは専門外の映画評論の凄さだった。恐らく、誰も書かなかった、いや、書けなかった領域にそれは属していた。彼の映画評論、それは多くは『映画芸術』誌上からだったが、私はそれらに夢中になった。直後、バイト仲間の友人から彼の本を教えられた。

　彼、松田修は、中世文学・中世文献学の権威で、その博覧強記振りには驚きを禁じ得なかった。『刺青・性・死』、『闇のユートピア』、『日本逃亡幻譚　補陀落世界への旅』……。異形、裸形、異端、闇の地下水脈なる芸能、聖なる俗、俗なる聖、遊女、傀儡……。縦横無尽に飛翔するその想像力。該博極まりないその知識。華麗なる論理的展開。私は忽（たちまち）虜になった。惜しい哉、それらの本は引越しを繰返している内にか、友人に貸してしまったのか、今現在、私の手許にはない。

　その友は鶴田浩二が嫌いであった。我々は映画の話になるとそのことを、常に議論し合った。激論であった。常に脇には酒があった。罵倒し合ったことも度々であった。彼には様々な人物を教えてもらった。磯田光一、井上光晴、埴谷雄高、澁澤龍彦、稲垣足穂、村上一郎、香山健一、保田与重郎……。そして、私が名前すら知らない、『ブント』や『革共同』などの活動家達。

　彼はやがて自死した。若い死であった。鶴田浩二と松田修のことを思う時、必ずの様に彼の青白い貌を思いだす。今でも苦い――。

　昭和二六年の正月、世間を驚愕させる事件が起った。恰も、戦前、人気絶頂の林長二郎の身に起ったと同じ様なことが。場所は大阪。劇場ショーに出ていた鶴田浩二が、其の筋の者、詰り、任侠道を信奉する若衆に襲われたのだ。その一人は、後に『山健組』組長となって、『山口組』組長田岡一雄を若頭として支えた山本健一その人だ。鶴田は貌にも心にも疵を負った。その瑕疵は終生残った。

両掌と頭部に十数針縫う裂傷。肉体的疵はやがて癒えていったが、それは一生薄(うっす)らと残った。若き甘い二枚目役者にはその瑕はマイナスになったが、中年以後は却ってある種の凄みを感じさせ、寧ろプラスに働いたと思う。

林長二郎、即ち、長谷川一夫の場合は移籍の問題、詰り、引き抜きであった。彼は頬に終生疵が残ったが、その瑕を彼自身が編み出した化粧法で克服し、一生死ぬまで二枚目役者で貫き通した。見事な役者魂である。

この事件の裏には〝永田ラッパ〟の影がちらつく。後に大映映画社長になった永田雅一である。恐らく、鶴田の場合、問題はその心であったと思われる。鶴田とて戦争前から高田浩吉の内弟子になり、所謂どさ廻りをしたのであってそう言う興行を仕切っているのは、例外なく其の筋の者であるのは知っていたであろう。だが、松竹の看板スターになって廻りからちやほやされていた彼には、密かとはいえ若さの驕りがあったと思われる。経緯は当時の彼のマネージャーが、『山口組』に十分な挨拶がなかったとも、疲れていた鶴田が女性ファンにサインもせず、邪慳に対応したからだとも言われている。

役者、芸人、歌手など所謂芸能の世界に生きている者達で、恐らく、その筋の者に世話にならなかった者などいないであろう。『山口組』はその傘下に彼らの興行、詰り〝荷物〟を扱う『神戸芸能社』を持っていた。美空ひばりと田岡一雄の仲は夙(つと)に有名である。後に、そのことが彼女に多大な災難を与えることになるのだが……。江戸時代から芝居興業などは彼らが仕切っていたのは厳然たる事実であり、『河原者』と『ヤクザ者』とは、いわば同じ範疇に入るのであり、共に『埒外な者』であった。『差別』と言う共通項を持って。『芸能』とは古来この方賤業であった。その構造は今も基本的には変っていない。それは一面で搾取と収奪であり、又、その裏面では庇護と連帯でもある。

それらは二律背反の如く一見みえるのだが、その実、その様な内実を孕みながら、見事な程、予定調和的でもあるのだ。それらを現在的に、巧妙かつ無機的に隠蔽するかの如く存在しているのが、電波媒体なる物である。

鶴田浩二はこの事件によって変ったと思う。いや、変らざるを得なかったと思う。彼の当時の心中を知る術はないが、恐らく、『芸能』とは、或いは『役者』とは、或いは『己の生きている世界』とはと黙考したと思う。彼の肉体と心は深く疵ついたが、それ故、多く多く、かつ又、深く深く学んだのではないか。

鶴田は終生時間には異状な程煩かったし、驚くことに、相手の科白までも覚えていたと言われている。廻りの誰もが言っているが、長幼の序にも煩かった。この事件は大いなる不幸であったが、鶴田浩二が真なる『鶴田浩二』になるための、大いなるそして大きな助走となった。

この小文を読んで下さっている、限りなき小数の読者の皆様には、私が前回鶴田浩二の〝悲劇性〟云々と書いたことは、もうお忘れのことと思いますが、今回はその〝小さな悲劇〟(!!)に就いて書きます。それは彼が極め付きのもの凄い二枚目に、生まれてきてしまったことである。皆様はそんなと思われるでしょうが、私はやはりそれは〝悲劇性〟を孕んでいると思います。

この世に生まれた男のほぼ全員は、『もっといい男に生まれていれば……』、『もっと美形美貌に恵まれていれば……』と、一度は思ったことがない男はいないであろう。私などは平尾昌晃の『みよちゃん』(古い!!)の歌詞ではないが、いや、平尾よりドリフターズの唄の方が若い方にはわかっていただけると思うが、『も少し器量良く生まれたら、こんなことにはならないに――』と、物心付いた時から何度思ったか知れないのだ。特に、色気付く思春期の時期などは、もう……。御負けに、私は子供の頃から虚弱児で半ば登校拒否児童であり、又、運動はからっきしだめで勉強も全くできなかった。

私には小、中、高と学校に楽しい思い出など皆無である。女性のことは判らないが、恐らく、男と同じ様な思いを抱いているのではありますまいか？　が我と同類の諸兄諸嬢よ、曰く、美人薄命、曰く、二枚目は二枚目故に身を滅ぼす。これは将に真実である。嘘だと思うなら『歴史』を見て御覧なさい。

古今東西その様なことはそれこそ枚挙に暇がないのだ。若い時分散々悩まされたが、オッサンになってから悩まなくなった。諦観とも言えるのだが……。

体と頭はともかく、今では、何とか人並に近いご面相で良かったと思っている。半分負け惜しみを込めて……。思っても見よ!!　女が誰でも振り返る絶世凄絶な美男子であったなら、先ず〝身がもたぬ〟し、四六時中女の注視の只中に置かれては、恐らく遅からずノイローゼになってしまうであろう。二枚目美男スターは多かれ少なかれ、それらに耐えなければならないのだ。世の男女は羨ましいと思うであろうが、存外、それは辛いのではないかと思う。経験が全くないから飽くまで想像するにだが……。

後年、鶴田も青年時代の自分の貌に就いて、ある種の愚痴めいた話をしている。貌が命なのは何も人形だけではないのだ（⁉）。

確かに、デビュー当時の数々のプロマイドや、雑誌に載った若い頃の写真などからは、如何にも戦後の新思考に満ちた若者、詰り、アプレゲール然とした風貌をまざまざと感じさせる。

同時期、少し前にデビューした三船敏郎が（『銀嶺の果て』・谷口千吉監督作品）、丸で戦場の血潮の生臭さをその儘放つ様な凄まじさに較べ、鶴田はその髪形などにアプレのちょっとした軽薄さを感じる。その軽薄さが、〝解放された日本女性〟の心を擽ったのかもしれない。

まあ、私が思うこの小さな〝悲劇性〟は冗談半分で済むのだが、それよりももっと大きい、そして遥かに深刻な〝悲劇性〟を書かねばならない。岸恵子と恋愛沙汰を起して失踪せしことも、任侠道を信ぜし若衆に負傷させられしことも、余りの美男子振りに自由のなかざりしことも、それはそれである種の小さな〝悲劇性〟であるのだろうが、もっと根源的とも言える〝悲劇〟が彼にはあった。私はそのことを書くことに、些かの躊躇を感じ、そして、小さき悍ましさを覚える。それは、鶴田浩二と言う役者だけにではなく、無慮数百万の『彼ら』にと言う可きか――。『歴史』の連続性を信ぜし私としては。

（2005年8月）

第三回

国民は盛大な歓呼の声を上げ、NHKラジオから流れる臨時ニュースを聴いた。大日本帝国を覆う何とも陰気な気分が一気に晴れた様な気持ちになり、これで、支那問題も対米問題も一息に解決すると思われた。

――帝国、ついに蹶つ――。大東亜戦争が始まったので有る。当時の思想界並びに文学界の指導的立場に有る数多くの者達が、その〔壮大なる偉業〕に国民一般にも増して盛仰の大声を上げた。それは発表された当時の論文や彼等の日記を見れば一見して判る。

開戦劈頭、帝国海軍機動部隊空母六隻の艦載機に因る真珠湾攻撃は、戦術的大戦果では有ったが、外務官僚の開戦通告の遅れと言う痛恨の不手際により、米国国民を——リメンバー・パールハーバ——一色に変え、それは結果として戦略的敗北への大いなる一歩となった。

大東亜戦争の経過の一々はここでは必要では無い。私が書こうとしている事の要諦は、大東亜戦争末期、昭和十八年十月に始まった『学徒動員』から始まる。戦局悪化に伴い、それまで徴兵延期を受けていた全国の大学、旧制高等学校、高等専門学校生等に動員が掛けられた。所謂、『学徒動員』で有る。その数十万余。これを嚆矢として以後、理系を除く多くの学生達が、陸続として学窓から戦の庭に送られた。

その青年達の中に、関西大学専門部商科学生、小野栄一が居た。即ち、後の役者、鶴田浩二その人で有る。大正十三年生まれで有った鶴田自身が語った処によると、甲種合格で徴兵検査をパスし、第一期海軍飛行科予備生徒として横須賀第二海兵団に入団する。以後、横須賀海軍航空隊で搭乗員として軍務に精励し、その間、多くの特攻隊員達を見送る日々を過ごす。敗戦を少尉で迎える。その時の体験が役者、鶴田浩二を生涯〝支配〟した。否、〝支配〟せざるを得なかったと言い換えても良い。二重の意味に於いて——。

鶴田浩二は人気絶頂の松竹若手看板スターでは有ったが、彼自身、その出演した作品群の多くには、ある種の不満と焦りにも似た苛立ちの様な物を懐いて居たのである。一口で言わば、軽いので有る。戦後を象徴するようなアプレ風若者の、コミカルな筋立てのたわい無い話の繰り返し。鶴田は焦れて居たのだ。

〔ポマードの臭〕と〔明かるい軽薄さ〕こそが人気の源泉、取り分け若い女性達の心を捕らえたのだが……。鶴田はそう見える己の風貌に不満を持って居た。

「自分は違うのだっ。見て呉れと心の内は全く違うのだっ――」

だが、本人が如何思おうと如何考え様と、会社や回りの者達はそれを認めはし無いし、同じ様な作品許り撮る事を続けた。作品はヒットして居たので有る。

会社が作り出した彼のキャラクターは、若い女性たちには絶対の人気が有ったので有る。今では考えられ無い程、当時の映画会社は強かった。今も昔も、興行は変わらない。言わば、儲かるか儲から無いかだけだ。そんな時、鶴田は横須賀線の電車の中で家城巳代治監督から一冊のホン（シナリオ）を渡された。衝撃が走った――。その題名、『雲ながるる果てに』。この映画こそ彼の人生を変え、又、その波瀾は曲折を経て役者人生さえも変えたと言える。その映画、『雲ながるる果てに』に就いて書く。が、その前に私の不明とそれとは逆の少々の自慢（!?）を書く事を許されよ、『お茶漬の味』の話である。先ずは自慢の方から。

もう前回の事何か忘れて居る方々が多いとは思うが、私は『お茶漬の味』の中で鶴田浩二と津島恵子が仲良くラーメンを啜るシーンに就いて書き、「後年の鶴田の言動から考えて、果して彼は小津の演出プランに黙って従ったのだろうか？」、と細やかな疑問らしき事を書いた。

去年十月（編注：２００５年）に出版された本、『テレビドラマ 伝説の時代』（升本喜年）の中に驚く可き発見をした。（その事に驚くなどは、私だけだったかも知れないのだが……）

矢張り、巨匠、小津安二郎と青春看板スター、鶴田浩二との間に、「プライドの戦い」が有ったので有る。その本に因ると、巨匠の次の一言が鶴田の琴線（きんせん）の内の〝怒りの琴糸（こといと）〟に触れた。

「おい、トミさん、松竹はいつから八百屋を始めたんだ。車で大根を運んできやがった」

巨匠は厚田雄春カメラマン以下スタッフ全員が総て準備をして待って居たので、何時もの軽い冗談の積もりで言ったと思われる。主人公が羽田飛行場から海外に出発する所を、関係者一同が見送るシーンで有る。

その撮影に鶴田は遅れ、共演者や撮影スタッフを待たせてしまったので有る。大巨匠の皮肉の一言に回りのスタッフはどっと笑ったのだが、飛ぶ鳥も落とす勢いのスター、鶴田浩二のプライドはずたずたにされたのだ。〔大根〕とは役者に執っては、正に〔禁句〕。大根役者と皮肉交じりに言われては、役者として立つ瀬が無い。

その事件が起こってから程無くして、鶴田浩二は憤然として松竹映画を辞めた。以上が升本の本から新たに知り得た事なのだが、私が『お茶漬の味』を最初に見た時、小津と鶴田の〔ある種の違和感〕を感じたのもある意味正しかったのだ。尤も、鶴田自身はある本で羽田空港に遅れたのはスタッフの連絡ミスで、その日は撮影は無しだと言う事で家に居たのだと語って居るのだが……。そして、松竹の大監督で有る小津先生を尊敬こそすれ、そんな無礼な態度等は執ら無いと言って居るのだが、升本喜年のに因れば、鶴田が松竹を辞めたのは小津との一件が有ったからで有り、それは〔伝説〕にすらなって居るのだと言う。升本は長年松竹でプロデューサーをした人で、後年、鶴田主演のテレビドラマ『大空港』を担当した人物で有る。

次に、我が不明に就いて記す。『鶴田浩二論』等と大仰な題を付けた様に、その〔伝説〕すら知らぬなんて――。（尤も、そんなご大層な題を付けたのは編集者のS氏で有り、私は『一ファンの見た鶴田浩二』としたのだが……）

只、鶴田の関西大学の後輩で、彼が死ぬまで一心に兄事した杉井輝応の本『鶴田浩二』に因ると、私が知って居た通り、独立プロ作品『雲ながるる果てに』に出演した為で有ると記されて居る。何れが正確なのだろうか？　恐らく、その両方が微妙に絡んで居たのだと私には思えるのだ。それは、鶴田の〝若さ故の跳ね返り〟だったかも知れぬし、スター故の〝傲慢さ〟だったかも知れぬ。が、それが真に大スターになる為の大いなる助走となったので有る。

『雲ながるる果てに』は独立プロ作品で有る。大日本帝国は大東亜戦争に敗北した事に因り解体し、米国を中心とする占領軍に支配される事になったのだが、それは、言わば日本の完敗で有って『城下の盟』(左伝桓公一二年)で有る。占領軍。その実体は米国で有るのだが、兎も角、彼等は軍国主義的な者や旧軍人達を公職から追放し、日本を彼等の言う〔民主主義国家〕にしようとした。

映画界からも経営者を中心に追放された者達も出たのだが、それも朝鮮戦争を境として風向きは一気に変り出した。所謂、冷戦構造が明確な形として出現したのだ。言わば、戦勝国同士の仲間割れだ。〝昨日の友は今日の敵〟……。冷徹な関係その物で有る主権国家間に於いて、永遠の味方も永遠の敵も有りはし無い。只、〔国益〕その物が有るだけだ。

今度は、左翼の者達の追放が始まったのだ。映画界にもレッドパージは及んだ。彼等の多くは所謂独立プロに集まったのだが、松竹で監督でも有った家城巳代治もそんな一人だ。例の天才少女歌手、美空ひばりの『悲しき口笛』の監督だ。鶴田浩二もそれに出演している。

当時、時代を反映する様に、独立プロで反戦映画が数多く作られた。映画『雲ながるる果てに』の原作は、同名の第十三期海軍飛行科予備学生達の遺書・遺稿をまとめた物で、発売されるとベストセラーになったのだが、この期の飛行科予備学生達は総数四七二六名の内一六〇五名が戦死し、更にその中で、実に四四七名が特攻隊員として散華している。慄然とする人数で有る。

正に、〔散華の時代〕(彼(か)の名作『戰艦大和の最期』の著者、吉田満の言)その物で有る。彼等は凡そ、大正十二年前後に生を受けし者で有る。吉田満も東京帝国大学から海軍予備士官になった

『学徒出陣』組で、奇しくも大正十二年生まれで有る。嗚呼――、何と〃不幸なりし刻〃に生まれしか――。

人は何人も、己から〔時代〕を選択して生まれる事はでき無い。人は己の与えられた〔時代〕の中で、踠(もが)きのたうち精一杯生きる事しかでき無い。旧制高等学校、高等専門学校、大学等々、学徒兵たちは短期間の即席教育を受けて将校・士官となり、直ぐに激烈なる戦の庭へと送り出された。彼らに執って唯一自分でできる事は、〔己の死を己自身の内で納得させる事〕でしか無かったので有る。

彼等はインテリで有った。当時の旧制高校生や大学生は、一般に今では考えられない程に勉強した。自分達も高等教育を受けて居る事にある種の矜持を持って居たし、回りの人々もそれを認めて陰に陽に敬意を表した。欧州で言う処のノーブレス・オブリージュ（高貴なる者の義務）の様な感が有った。こんな風に書くと、『一般庶民で一兵卒になった者から見れば、彼等は特権階級だっ』の声が必ず上がる。私はそれを全き否定はし無い。が、彼等は高等教育を受けたが故に、それなりの学識なり見識を持ち得る者が多かった。それ故、〔己の死の意味〕に深い疑問と限り無き懊悩が有ったのも事実だ。

私は彼等が散華した歳頃と同じ年齢の頃、彼等の手記や遺書を数多く読んだのだが、その大部分は、――こんな時代に生まれたのだから若くして死ぬのは仕方が無い。だが、自分の死に果たしてどんな意味が有るのか？　我等の死する後、生き残った父母、兄弟姉妹、恋人はどんな日本を作るので有ろうか？　我等が愛した日本は敗れた後、如何になるので有ろうか？――　その様な事が繰り返し繰り返し書き連ねられていた。

それらの中で私が一番強く心に残った一冊は、京都帝国大学在学中に学徒出陣し、昭和二十年七月二七日、偵察中に米艦上戦闘機に追撃され戦死した林尹夫少尉の遺稿で有る。戦死後、二二年経て兄の手に因って出版されたその本、『わがいのち月明に燃ゆ』。何たる誠実さ。何たる知性。何たる思惟。何人も抗し難い〔国権の発動たる絶対的暴力〕の中で、必死に〔己の生きる意味〕とその真逆で有る〔己の死する意味〕とを、〔止揚〕し様とする林尹夫海軍学徒少尉。

私はその何時迄も知的誠実さを貫こうとするこの学徒少尉に、唯々驚嘆するのみで有った。元々、極めて知的で理性的な人物で有ったのだろうが、誤解を恐れずに書けば、——時代が人を作る——とも言えるのではないか……。多くは、〔不幸な時代〕程、〔人物〕は出るので有る。それ自体、極めて不幸で有るのだが——。

雲湧きて流るるはての青空の、
　その青の上わが死に所

十三期海軍飛行予備学生達の遺書・遺稿が、『雲ながるる果てに』と名付けられたのは、神風特別攻撃隊振天隊の一員として昭和二十年五月二九日沖縄海域で散華した、二三歳の若者古川正崇の上記短歌から執られた物で有る。この映画は独立プロの作品であり、レッド・パージ組が多くスタッフに加わって居り、更に、キャストも鶴田は除くと新劇俳優許りで有って、所謂反戦左翼映画で有ると言ってよい。ここでは一々粗筋は書か無いが、当時流行った左翼的反戦感色濃く滲んで居る。正規の士官になる為に士官教育を受けた海軍兵学校出の上級士官と、即席教育を受けて士官になった予備士官の抜き難い対立と反目。消耗品扱いの学徒兵上りの予備士官の無念さと怒り。彼等同士の死の意味付けへの葛藤。鶴田浩二自身、後年、ある人物との対談の中で次の様に言って居る。

『木村功や岡田英次と役者として勝負してみたかった』。更に、『コミュニストの集団の映画作りへの興味が有り、思想が違うと言う事は、役者に果してどの程度の違いが有るのか、確かめたかったし知りたかった』。

木村功、岡田英次、の外、金子信雄、沼田曜一、神田隆、高原駿雄等々、鶴田と同世代の新劇役者が数多く出演して居る。松竹の甘い二枚目スター鶴田浩二は、演技の上で彼等と真剣勝負がしたかった。

果して、この勝負は如何に？ はっきり書けば鶴田の負けで有る、と私は思う。残念ながらとい う可きか、意気込みの割にはと言う可きか、兎に角、それまで松竹で散々演じてきた、〃街のアン チャン風二枚目〃から決して脱し切れて居無い。新劇役者達も後年それぞれ見せる程名演技は、岡田英次を除いては見せては居無いのだが、鶴田よりは……。

しかし、で有る。輝いて居るのだ。きらきらと光り輝いて居るので有る。彼自身では密かに嫌がって居た〃昔のままの鶴田浩二〃が時として浮き上がるのだが、外の役者には決して見る事のでき無い〔在るだけで〕とでも言った様な、俗に言う〔スターならではの存在感〕が、回りを圧して常に主張して光り輝いてしまうので有る。様々な懊悩の中で総てを振り切る様に、独り波一つ無き水面を泳ぐ、鶴田浩二演ずる大瀧中尉——。この史上有名なシーンは輝く許りに美しい。やがて、特攻基地の学徒士官たちの散華。その上がらぬ戦果に嘯（うそぶ）く基地司令や第五航空艦隊付参謀等。彼等、学徒兵達の〔無意味〕とも言える死——。

この映画は良くも悪しくも、当時一世を風靡した左翼反戦映画のルーティンその物で有る。戦争の深い痛みも癒えやらぬ当時の日本人には、もう二度と再びあの様な無残な戦はしたくは無かったし、あんな悲惨極まり無い体験は懲り懲りで有るとの思いが強烈に支配した。日本人は純粋に〔戦争その物〕を憎んだ。単純に〔戦争その物〕を否定し様とした。それ以来、日本人は〔戦争〕を〔真に考える事〕を放擲してしまった。戦争と言えば、反戦と必ず答える。何せ、我々日本国は、――諸国の公正と信義に縋って――生存在らしめて居るので有る。大東亜戦争敗戦六十年余。今、その溜り溜った〔付け〕が、日本の根幹を大きく揺るがせ亡国の危機に瀕して居る――日本、危殆に瀕せり――。

とまれ――。私は憂国の士では無い。在り来りのそこらのオッサンで有る。話を元に戻す。『雲ながるる果てに』の鶴田浩二は、彼自身が嫌がろうとも、紛れも無く鶴田浩二で有り続けた。長谷川一夫が如何なる役をやろうとも、長谷川一夫で有る様に、又、石原裕次郎が、中村錦之助が、勝新太郎が、そうで有る様に……。私の持論は、――スターは如何なる役をやっても決してそのスターでしか無い――で有る。

その伝で行かば、鶴田浩二はスターでしか無いので有る。寧ろ、スターに〝演技力〟等不要で有る。が、私の持論は殊鶴田浩二に就いては当て嵌まら無い。でもそれは、私が鶴田浩二の映画と完全にシンクロする頃の彼と、注釈が付くのだが……。詰まり、東映時代の任侠映画の中年の頃なのだ。彼は大スターで有り、且つ、名演技者で有った。だが、今回それを改める。鶴田浩二は若い当時から大スターであり、名演技者で有った。

『雲ながるる果てに』は確かにスター鶴田浩二で有ったが、その直後に作られた映画を見て私は考えを変えた。その題名、梅崎春生原作、山本薩夫監督作品『日の果て』。山本薩夫の監督からも判る通り、これも独立プロ作品で有り、『雲ながるる果てに』と同様、左翼反戦映画と言って良いだろう。

この駄文を書く為、未見だった『日の果て』をＤＶＤで見た。正直に書けば、わが眼を疑い軽い驚きすら覚えた。何と、鶴田浩二は『雲ながるる果てに』でも共演したあの岡田英次とがっぷり四つに組み、堂々と対峙して一歩も引かぬ様が見事で有る。時として、岡田に勝っている風情さえ仄見える。名演技と言っても過言では無い。この『日の果て』は、戦争末期フィリピンのルソン島のジャングルに逃げ込んだ、ある日本軍部隊の話で有るのだが、部隊長の命令を無視して現地の女と暮らす隊付軍医（岡田英次）と、それを部隊に連れ帰ろうとする将校（鶴田浩二）の激しい葛藤を軸に描かれて居る。

鶴田はこの映画には充足感が有ったと語って居るし、『雲ながるる果てに』は自分が多分に感傷的になったが、『日の果て』は自分の映画史に残る作品で有るとまで言っているのだ。確かに、素晴らしい名演技で有った。そうでは有るのだが、やはり、彼、鶴田浩二を鶴田浩二たらしめて居るのは、彼の『雲ながるる果てに』で有るのだ。

さて、私に与えられた紙幅もそろそろ尽き様として居る。一先ずの結論らしき物を急がねば……。私がこの小論を書き始めた時からひそかに心に浮き上って居た、些か〔嫌な事〕を最終的に書かなければ――。鶴田浩二の〔特攻伝説〕で有る。もっと有り体に言わば、〔軍歴詐称〕で有る。『雲ながるる果てに』に主演してから、誰言うとは無しに、鶴田浩二は特攻生き残りと言われ出した。本人もそれを否定し無かったし、寧ろ、その話を自分の役者人生に言葉は悪いが〔利用〕すらした感が有った。

いや、もっとはっきり書けば、自分からその様な事を様々に口にしたのだ。それは、昭和四十年代頃、痛烈な反撃を受けた。彼が主張した第十四期海軍飛行科予備学生、その同期生達から鶴田浩二、いや、小野栄一と言う同期生は居無い、と強い抗議が噴き上がったのだ。大スターのスキャンダルとして、マスコミの恰好の好餌となった。

彼に特攻隊員だった経験は無い。彼は整備兵だったので有る。だが彼は大正十三年生まれで、正に、吉田満の言う処の〔散華の世代〕その物で有る。我が亡くなった父も同世代だ。彼等が総身で受けざるを得なかった、〔有無を言わさぬ国権の発動たる絶対の暴力〕――。彼等は、その無念さ、その悲惨さ、その悲しさ、その痛ましさ、その外、諸々の〔戦総体の事象の総て〕をその身に受けた。

彼、小野栄一、否、鶴田浩二は、〔それら〕から決して逃れる事ができ無かった。学徒兵上りの整備兵小野栄一は、役者鶴田浩二予備少尉として、〔特攻隊員〕となった。

序章で有る。否、この小論は序章の序章で有る。名優、鶴田浩二の真の姿は、この後、ずっと先の方に見えるのだ。

（２００６年９月）

三十七年目の映画『憂国』

意思――。意志だけの力がそれを動かしていた。それも驚嘆す可き意志だけの胆力が、鋼鉄の如くに鍛えられた腹壁の頑強に抵抗する力に勝利し、徐々に徐々にと切り進んで行くのであるが、皮肉にも今の晴れがましい営為には、同じ意志だけの力で鍛え抜いた鋼鉄の如くの腹壁が、邪険にも最後の適わぬ頑強なる抵抗を見せ、極限の苦痛なる快美感を弥増（いやまし）に増幅せしめている。

中尉は腹壁の頑強なる抵抗をほんの一瞬怨めしく思ったが、鋼鉄の鋭利が同じ鋼鉄の腹壁を切り裂く極限の苦痛の中から一気に噴き上がってくる目眩（めくるめ）く華美で妖しい陶酔感に、腹部から溢れ出した鮮血塗れの臓物ですらも錦の如きの艶やかさに見え、更なる陶酔感と恍惚感に生を終え様とする全身が貫かれて行った。セックス――。今し方終った新妻との最後の情交と同じ陶酔感と恍惚感。否、それと同じではあったが、それは主として肉体的生理のそれであったが今の陶酔感と恍惚感は、苦痛の直中から湧き上がって意志すらも甘美に抱き込む〔極北の快感〕――。

私の拙い〔純文学風映画解説〕(!?)はこの辺りで止める。私如きが勝てる訳はない。なにし負う、〔敵〕はあの三島由紀夫である。一般には消失したと思われていた、三島由紀夫が自ら製作、演出、出演と総てに関わった個人映画と言える例の『憂国』が、驚く可き事に現存していたのである。驚愕――。幻の映画は幻ではなかったのである。

若し、日本国中、否、世界中のインテリを驚愕の極北に追い込んだ、例の所謂〔三島事件〕なかりせば、恐らく、映画・『憂国』の運命は、物好きな大作家のお道楽映画と世間は興味本位に面白可笑しくもて囃し、中ヒットぐらいで終ってやがては忘れられていく筈であったが、何人も想像だにしなかった映画通りの結末を迎えた事に因って〔別の興味〕に転移したのである。

日本中、世界中のインテリ許(ばか)りか、当時アルバイト学生（学生よりバイトがメインであったが……）であった私も心底驚き戦(おのの)き、その意味付けを如何な場所に置く可きか、己の中で凄まじい混乱混迷を招いたのであった。正直に書けば、薄れたとは言え、それはまだ未だに続いているのだが……。

三島のあの様な自裁の意味は？　取分け、三島自身の己に執っての意味は？　〔文学〕に於ては、〔政治〕に於ては、〔思想〕に於ては、更に言わば、なにぞ膾炙されている彼の〔性〕に於ては――。古今東西、自ら死を遂げる者の真なる心の内等、余人には決して判りはしない。そうであるからこそ、事件からやがて三十七年経とうとしているのに、未だに、――我こそは三島由紀夫の真の理解者だ――と自負する人々の著作が陸続として発刊され、それはこれからもずっと続くものと思われる。言葉を変えて言わば永遠に。

昭和四十五年（一九七〇）十一月二十五日、事件は起った。正に、三島の辞世の一首の言葉を借りれば、――初霜――の候であった。人々と同じく、私もその日を鮮明極まりなき確かさで覚えている。私はさるブロック紙の東京支局写真部でバイトしている同級生に電話し、――今、何か他の所で起っているか――と言った。友は即座に否定した。

そうである。〔確たる日常〕は三島を敢然として裏切り、確として日常を保ったままであった。あれから長い歳月が流れ、三島由紀夫夫人の元に密かに封印されていた一本のネガが、夫人の死をきっかけとして遺族の了解を得て封印を解かれ、ＤＶＤとなってこの度発売されたのである。

私はこの映画を見損なった。いや、正確に記せば、見るのを躊躇ったのであった。如何にしても、新宿ＡＴＧに足が向かなかったのである。有り体に言わば、それは私の中の〔恐怖〕であった。小説・『憂国』の何たる残酷さ、何たる陰惨さ、何たる極限の苦痛。自ら、魅死魔幽鬼尾（!!）と冗談に書いて高笑した三島の面目躍如たる小説のその内容は、正直、正視に耐えられない程の凄惨さに満ち満ちていて、殊に、武山中尉が妻との最後の情交を終えて切腹する所等は、鍛えられた鋼鉄の肉体が、これ又鍛えられた軍刀拵えの日本刀で切り刻まれていく苦痛を、微に入り細を穿って、これでもかこれでもかと精緻に描写されているのである。

若し、その文字での描写をリアルに映像にしていたら……。私の柔（やわ）な感情や感性は、それには耐えられなかっただろう。私は己の意気地無さが情けなかった。三島由紀夫の親しい友人で文芸評論家でもある奥野健男は、その著書『三島由紀夫伝説』の中で、小説・『憂国』に就いて友人らしからぬ言葉使いで忌憚なくこう書いている。

> 二人の「最後の営み」、つまり三島由紀夫のいう〈至上の肉体的快楽〉は美文調で形容詞の限りをつくし丹念に描かれているが、読者を陶酔させるものがない。凡百の性描写より特にすぐれているとは言えない。しかし切腹の行為、つまり〈至上の肉体的苦痛〉の描写はすさまじい。あとあとまで夢にうなされるほどである。

更に、その切腹の部分の一部分を引用し、次の様に書く。

ここまで書き写していて、ぼくは気が遠くなる。なんで彼はここまで、外から侵された内部感覚あるいは臓器感覚の痛みを、内側からリアルに捉えることができるのだ。まるで切腹を既に体験した人間のように。

そして更に、切腹の場面の凄まじい描写を引用し、堪らなくなり次の様に叫ぶ。

もうやめてくれと叫びたくなる。腸の描写など、こんな描写をした文学者はいや人間は世界におそらくいないであろう。三島は何に耐え、こうまで追求し、そして自分の血に、死に酔うのであろうか。

奥野の心底辟易した気持は判る過ぎるぐらい判るし、私も『憂国』を読んだ時の偽らざる気持は、奥野とほぼ同じ思いに捕らわれたのである。私は臆病極まりなき青年であったのだ。であるからして、映画・『憂国』は私の心の中では常に小説・『憂国』の描写と重なり、あの凄まじい許りの〔血みどろの地獄図〕として認識され、それは見ておらぬ故に却って増幅されて仕舞い、誠に恥ずかしい事なれど、私の臆病さに絡み纏わり付いて更なる臆病を煽っていた。

が、あれから長い歳月が経った。当り前であるが若者は中年のオッサンになって仕舞った。オッサンになった私の感性や感情は、恐ろしく鈍麻して先鋭には反応せず、世の中の大概の事にはさして驚かなくなり、のうのうたる日常を怠惰なる惰性の直中に生きている。この一文の為ではなく、別の件で映画・『憂国』を見る必要に迫られた。マスコミ等で発見の驚く可きニュースが流れ、しかもＤＶＤになって発売されると知った時、最早、私は躊躇わなかった。

編集者のＳ氏の手を煩わせ、早速、入手して貰った。その封を切る時、新宿ＡＴＧのあの佇まいが脳裏を過(よぎ)った。遥か昔の若き日、〝難しい映画〟を呻吟しながら見た。あの独特の風情の映画館。

些か、拍子抜けした。私の想像した恐ろしくもおどおどろしい、鮮血染まる臓器噴出の地獄絵は見事な程に裏切られ、白黒のコントラストを強調したモノクロームの画面と能様式の所作とに因って全き〔純化〕されて、儀式の如くの一定の規則性の内に物語は粛々の内に進み行き、若き陛下の御親兵たる軍人は自裁して果てその妻も後を追い共に相果てる。台詞は一切ない。全編にリヒァルト・ワーグナーの『トリスタンとイゾルデ』が、荘重として流れその悲劇性を弥増に高めている。〔生と死〕或いは〔性と死〕、それ等が無言劇の内に進み行く。私が密かに恐怖し嫌悪したその場面は危うい事で巧みに描写され、それ程のショッキングな場は全編に渡ってなかった。（人に因ってはその思いは違うだろうが……）

武山中尉を演じているのは勿論三島自身であるが、彼は役者が本業ではないのだから無理もないが演技は下手である。（果して、この映画のそれを演技と言ってよいか、論の別れる所ではあるが……）三島由紀夫は案外様々な事に興味津々で、殊に映画には人並み以上の並々ならぬ関心を示し、自ら進んで主演を買って出た事もあった。その映画は大映製作の増村保造監督菊島隆三脚本で、『からっ風野郎』であった。が、天才文士・三島由紀夫ではあったが、役者としてはからっきし駄目でその演技は如何ともし難かった。

五社英雄監督の『人斬り』の田中新兵衛役は先ず先ずのデキであったが、それとて切腹（又しても――）の場面の妙なリアルティーぐらいであった。映画・『憂国』は三十分に満たない短編である。その随所に不器用振りが散見される。

芝居の演技の不器用さは彼の不器用さのほんの一つで、三島は驚く程の不器用さを数多く持っていて、それは〔伝説〕として様々に膾炙されている。私は寧ろ、それにホッとするのであるが……。当然、この映画の要諦は三島の演技の上手下手にあるのではなく、彼のこの映画に因って〔真に表現し様としたその意志〕にこそある。

私の癒やしがたい観念のなかでは、老年は永遠に醜く、青年は永遠に美しい。老年の知恵は永遠に迷蒙であり、青年の行動は永遠に透徹している。だから、生きていればいるほど悪くなるのであり、人生はつまり真逆様の頽落である。『憂国』の中尉夫妻は、悲境のうちに、自ら知らずして、生の最高の瞬間をとらえ、至福の死を死ぬのであるが、私はかれらの至上の肉体的快楽と至上の肉体的苦痛が、同一原理の下に統括され、それによって至福の到来を招く状況を、正に、二・二六事件を背景にして設定することができた。

（『二・二六事件と私』）

三島由紀夫は自著の中で、小説・『憂国』を書いた理由をこの様に解説している。肉体の極限を超える程の限りなき苦痛――。死する事へのデモーニッシュなまでの甘美な陶酔――。私何ぞには、想像するだに恐怖に駆られる事であるのだが……。

天才とは、我等凡俗の徒には判り兼ねる頭脳と感性とを持っている。だから天才と言えるだろうが……。古今東西を問わず天才とはそうである。これは私の全くの想像でしかないのだが、――三島は噴き上がって来るそれに内心もがき、常に凄まじい葛藤の内にそれと絶望的な格闘を繰り返していたのではないのか――？　三島の幼少期から自裁するまでの軌跡を概観するに、私には如何してもその様に思えて仕舞う。殊に、幼くして母の手を離されヒステリー気味で病弱な祖母の元で暮らした日々。大名家の血を引くこの祖母は異常であった。三島、いや、平岡少年は極めて特異な幼年期を生きた。

彼の〔美学〕そして〔願望〕、更には、或いは〔性癖〕……若い絶世の男女が究極の性の内に、その真逆のタナトスに凄惨な苦痛の内に堕ちて行き、それすらも至上の快楽となる――。〔至上の肉体的快楽〕は〔至上の肉体的苦痛〕とイコールであり、そしてそれは、〔最高のオルガズムス〕なのである。

小説・『憂国』がそうであるならば、映画・『憂国』もそうであらねばならぬ。小説を書いたのも三島であり、映画を作ったのも三島本人であるのだから。勿論、文字表現と映像表現とは全く違うのであるから、同一の俎上に載せて論じる事は出来ないであろうが、その表現し様とした意図は同じ筈であろう。

映画・『憂国』は能様式に因って描かれている為、抽象性の中にその本質を具象化するので、完全なる様式性を最大の特色とする。それ故か、映像特異のリアルティーの描写も時折見られるのだが、全体のトーンはその儀式性の内部である種の抽象性に浄化され、凄惨さは確かに感じられるものの正視出来ない程ではない。

この『憂国』のDVDは、新潮社の『決定版　三島由紀夫全集　別巻』として出されたのであるが、その中に付いている小冊子に、三島自身の手になるシナリオ（シナリオと言っても台詞はないのであるが……）が載っている。それには驚く程詳細なカット割りの注意がびっしりと書き込まれ、その秒数までもが正確に書かれているのだ。如何にも三島らしい。大方の彼の小説もそうであるのだが、映画も撮る前からその頭の中で完成しているのである。『憂国』は昭和四十一年、短編映画祭として名高いフランスのツール映画祭に出品された。三島はそれを可成り意識し、フランス人にも判らせる様に彼一流の考えで様々に工夫して解説を試みている。

日本でもそうであった様に、当然、フランスでも賛否両論が沸き起こった。――日本的悲劇の壮絶な美――、と称賛する者。エキゾチックなショックを狙った露出趣味――、と非難する者。当時の日本は、今よりもっと西欧では未知の国である。無理からぬ。日本に於いても、三島の意図は十全には理解されていないのだから。

映画・『憂国』が発売される少し前、この映画よりもある意味もっと衝撃的な一冊の本が文春新書として発行された。題名『回想　回転扉の三島由紀夫』、著者堂本正樹。直ぐに読んだ。正に、衝撃であった。堂本正樹は三島より八歳年下で、慶応の学生の頃から歌舞伎等の演劇に詳しく、後々演劇人として三島とも親交を結ぶ間柄になる。堂本と三島が知り合ったのはまだ学生だった頃で、その場所が何と、銀座にあった『ブランズウィック』と言う。昼は喫茶店で夜は酒も出すバーになった、有名な〔ゲイバー〕であったのである。発禁になった三島を題材に扱った小説・『寒椿』にも書かれているのだが、三島のゲイバー好みは夙に有名で、その他にも様々に〔伝説〕を残しているのだ。

更に三島と堂本の二人は、お互い〔共通の趣味〕を持っていたのである。その趣味とは、〔切腹ごっこ〕（!!）――。二人は密かに様々な場面を想定し、切腹ごっこを真剣に楽しんでいたのである。

苦痛への限りなき陶酔。腹部に当たる刃の硬く冷たき感触。全身に走る目眩く愉悦の感覚。悦楽の極地。苦痛が悦楽に変り悦楽が苦痛へと転化し、それらの綯い交ぜの内の至上の陶酔。堂本は映画・『憂国』にも、演出として関わったと記している。天才は天才であるだけで〔悲劇〕である。三島由紀夫自裁の一週間前、『図書新聞』での文芸評論家・古川尚との対談で、三島由紀夫は次の様な事を言っている。

ぼくが、あなたのおっしゃる〈情念の美〉にとり憑かれているのは、エロティシズムと関係があるからでしょうね。

ぼくが現代ヨーロッパの思想家でいちばん親近感をもっている人がバタイユで、彼は死とエロティシズムとのもっとも深い類縁関係を説いているんです。その言うところは、禁止というものがあり、そこから解放された日常があり、日本民俗学で言えば晴と褻というものがあって、そういうもの——晴がなければ褻もないし、褻がなければ晴もないのに——つまり現代生活というものは相対主義のなかで営まれるから、褻だけに、日常性だけになってしまった。そこからは超絶的なものが出てこない。超絶的なものがない限り、エロティシズムというものは存在できないんだ。エロティシズムは超絶的なものにふれるときに、初めて真価を発揮するんだとバタイユはこう考えているんです。

映画・『憂国』。それは、今でも〔謎〕の直中にある——。

（2007年9月）

名作『血槍富士』と名曲『海ゆかば』そして、鎮魂——

海行かば　水漬く屍
山行かば　草生す屍
大君の　辺にこそ死なめ
顧みはせじ

『海ゆかば』である。この歌に限りなき嫌悪を感じる者も、又、限りなき感涙を催す者も、大東亜戦争と言う我が国開闢以来の〔大戦〕を、兎も角、肌身で見知っている世代、詰り、七十代以上の老人達に限られるであろう。大東亜戦争中、特に連敗が続いた後半から、荘厳かつ沈鬱なメロディーのこの歌は日本国中に流れ、却って全国民を益々沈ませ、殆どの国民総てが敗北の予兆におののく結果をもたらした。——大日本帝国の葬送行進曲——。

そして、何とも哀しい事に、この——大日本帝国の葬送行進曲——は、戦慄する程の哀しさと切なくなる程のいとおしさとの、全く相反する両面を併せ持つ名曲なのである。彼のベートーヴェンの『英雄交響曲』の第二楽章の如くの、或いは、ショパンの『ピアノソナタ第二番』の第三楽章の如くの。この『海ゆかば』が作られたのは、日中全面戦争の直接の端緒となった〔盧溝橋（ろこうきょう）事件〕が起った年、即ち昭和十二年の事であった。

詞は歌人大伴家持（おおとものやかもち）の『万葉集』第一八巻所収の長歌の一節であり、曲は作曲家信時潔（のぶときよし）がＮＨＫ依嘱で作った。

譬え海中に沈んで
亡骸（むくろ）となろうとも
譬え山野に打ち捨てられて
亡骸になろうとも
大君の御側（おそば）近くで死んで
後悔何ぞはしない

大凡（おおよそ）この様な意味になろうか。これは飽く迄も私の訳なので、別に歌人や専門の万葉学者が訳せば、もっと感慨深くより適切な文言になるだろうが、一般的に言って、万葉の歌を現代語訳にして仕舞うと歌の本質の持っている深い意味性、詰り、――言霊（ことだま）の威（い）――なるものが消え失せ、全く以てつまらない平板なものに変り果てるのだが……。

『万葉集』の最終の編者に擬せられている憂愁の歌人大伴家持は、『万葉集』中に自分の歌が一番多く載せられている大歌人なのだが、彼は唯の歌詠み人ではなく、古代から武勇を以て朝廷に仕えた、屈指の大豪族である大伴氏の〔氏長者〕でもあった。氏長者、詰り、大伴氏宗家の長である。家持が長になった頃の大伴氏は、新興の藤原氏にじりじりと押され、その勢力は傾きの色が次第に濃くなりつつあったのである。『海ゆかば』の元々の長歌が作られたのは、天平感宝元年（七四九年）で、家持が越中国（今の富山県）の国守の時であった。

大伴家持はこの長歌で大伴一族を叱咤激励して奮い立たせ、朝廷への常しえの忠勤を励めと諭しているのである。大伴氏の氏長者である家持の歌には、危殆に瀕しつつある名家・大伴一族の者達への、――親族を諭す歌――が数多く見られる。その後の幾星霜。長い長い刻が流れた。かくて、彼の歌は蘇った。天才作曲家信時潔の手を借り、千二百年以上の刻を経て、『海ゆかば』として――。刻恰も、――日本帝国臣民は大伴家持と同じ心持――を、切々として迫られていたのであった。ここまでは、些か長いが前置きである。『海ゆかば』をその時点で直接聴いた人々が少数になり、全く知らない若い世代が多くなった今、最低限この歌の〔内包している意味〕を、『シネマ気球』の限りなき少数の奇特な読者諸兄諸嬢（!?）の為に敢えて書いた。

然る事情に因り、『海ゆかば』並びにその作曲者である信時潔、更には、大東亜戦争中に活躍した映画監督達を調べていた。ある二冊の本を手にした時、軽い衝撃らしいものを受け、暫し、『海ゆかば』の荘厳かつ悲愴なメロディーと、ある高名な映画監督の名作に思いを馳せた。『信時潔』と『「海ゆかば」の昭和』の二冊。著者・編者は文芸評論家の新保裕司。驚いた事に、新保は戦後生まれで、而も、僅かだが私より若い。新保は信時潔の人となりを精緻に描き出しているが、私が衝撃を受けた部分を抜き出して書いて置く。

昭和十七年（一九四二）に作られた小津安二郎監督の傑作「父ありき」の最後の場面に「海ゆかば」が流れていた！　これは、これまでほとんど語られていなかったことで、大仰でなく衝撃を受けた。二〇〇〇年二月に京橋のフィルムセンターで上映された「父ありき」である。同センターでは九六年から九八年にかけて、ロシアのゴスフィルモフォンド（国立映画保存所）に保存されている戦前日本映画のフィルムを調査し、そこで発掘した作品を二月から三月にかけて上映した。戦前の満州で在留邦人のために上映された日本映画が、終戦の際にソ連に持ち去られ、それが保存されていたらしい。

もうひとつは、昭和三十年に作られた内田吐夢監督の傑作時代劇「血槍富士」。戦前、満州で甘粕（あまかす）正彦が理事長を務める満映の仕事に関わった内田吐夢は、敗戦後も中国に留まり、中華人民共和国の映画作りに力を貸した。そして昭和二十八年に、八年ぶりに帰国した。「血槍富士」はその内田吐夢の帰国第一作である。

（『「海ゆかば」の昭和』より。原出典は川本三郎・著『はるかな本、遠い絵』）

昭和十七年に作られた『父ありき』のオリジナル版に、『海ゆかば』が流れていたとは、寡聞にして、川本三郎の指摘まで全く知らなかった。何でも、敗戦後占領軍を慮ってカットされたらしい。勿論、それにも驚いたのだが、後段の内田吐夢の帰国第一作、片岡千恵蔵主演の傑作『血槍富士』にも、彼の『海ゆかば』のメロディーが流れていた、との指摘には心底驚かされて己の不明に痛く恥じ入った。『血槍富士』は何回も映画館で見ていたのに——。ラストシーン、剣術などと言う武道の心得など全くない槍持（主人の槍を持って供をする下僕）が、殺された主人の仇討を必死・決死の思いで闘って見事成し遂げ、めでたく本懐を遂げて主人の遺骨を抱いて故郷へ静々として帰って行くと言う、名高くも感動的なシーン、その名シーンにあの『海ゆかば』のメロディーが流れていたとは……。実は、『海ゆかば』もその作曲者の事も、更には、大東亜戦争中に活躍した映画監督達の事も、先に書いた様に全く本論とは関係ない処で調べていたのだが、川本三郎の一文に因り思ってもみなかった関係性を知り、無性に、『血槍富士』を見て確認したい欲望に駆られた。

何時もの様に編集者の手を煩わせ、ＤＶＤを手に入れた。有った。確かに、有った——。川本三郎の指摘通り、ラストシーンに流れたメロディーは、紛れもなくあの信時潔に因る『海ゆかば』の旋律——。涙が流れた……。私は、主人の遺骨を大事そうに抱き故郷に帰って行く片岡千恵蔵のその姿に、情況は全く違うが——同じその姿——を見ていた。再び、涙が湧いた。

海行かば　水漬く屍
山行かば　草生す屍
大君の　辺にこそ死なめ
顧みはせじ

断って置くが、私は決して〔皇国史観〕の信奉者でもないし、勿論、〔天皇絶対主義者〕でもない。だが、『海ゆかば』の詞と曲は、何故に、かくも人を泣かしむのであろうか……。家持の『万葉集』にあるこの長歌は、——言立て——或いは—言挙げ——（何れも言葉に出して言明する事）の歌である。勿論、大王（天皇）に対して。詰り、朝廷に対して防人の如く、——醜の御楯——（大王の楯となって外敵を防ぐ防人が、自分自身を卑下して言う事）となり、永遠（とわ）にその弥栄（いやさか）を守護し奉らん。家持はこう宣言しているのである。その限りに於ては、家持は正に、〔天皇絶対主義者〕ではあろう。

そしてそれは、昭和十三年、『海ゆかば』が作られた時、当局の狙いも正にそこに有った。が、この『海ゆかば』は当局の目論見を敢然と裏切り、〔臣民・日本人〕、詰り、当時の日本国民全体を大きく巻き込み、歌自身が——自己運動——を、正に、自律的に起し始めたのである。かくなりし因は、果して、奈辺に有りや？

その前に先ず、『血槍富士』とその監督内田吐夢に就いて。私などは内田吐夢と言えば、直ぐに、中村錦之助主演の『宮本武蔵』五部作や、三國連太郎、左幸子、伴淳三郎、高倉健らが好演した『飢餓海峡』を思いだすが、この『血槍富士』は、戦前、通称〔満映〕、正式には〔満州映画協会〕（満州国に日本が作った日満宥和を促し、宣撫的映画を専らとした映画会社）にいて、敗戦後その儘、国共内戦に勝利した中華人民共和国に抑留され、その地で中国の映画作りに協力していた彼が、帰国して初めてメガホンを取った作品として有名である。

彼、内田吐夢は戦前から有名な監督ではあったが、昭和三十年、帰国した内田がこの映画を作った頃と言えば、共産主義の国毛沢東支配下の中華人民共和国は謎の中の謎の国で、その実体は日本の一般国民には皆目判らなかったのであり、その影響下に有ったと思われる彼が果してどんな〔思想〕に変化したのか——、との密かな疑問が渦巻いていたのだ。有り体に言って仕舞うと、——彼は共産主義者になったのか——、或いは、——その思想にどんな程度の影響を受けたのか——、と言った事であった。そんな周囲の密かな注目の中、内田は『血槍富士』を監督した。

結果は？　片岡千恵蔵の好演も有ってか、十三年振りにメガホンを取ったとは思えない程の傑作になった。物語は至って単純な話で、忠義一途な中間の槍持が、必死・決死の思いで主人の仇討を遂げる話である。戦前からの大スターであり、戦後も一方の御大市川右太衛門とともに、東映を支えた片岡千恵蔵の只管忠節を全うする中間振りが実に様になっており、――忠義・忠節の美しい物語――に仕上っている。考え様取り様に因っては、――仇討礼賛――、――忠義を宗とする封建思想肯定――、と言った事に繋がり兼ねない恐れもある。あの敗戦から十年、世間の大方は、〔戦前の価値観〕に極めて否定的で、〔戦後民主主義万歳〕であった。

確かに『血槍富士』の主題は、如何に否定し様とも、――ご主人様（島田照夫）に忠節を尽す下郎の仇討――、である。が、しかしである。映画の隠された副題（味方に因ればこちらが主題かも？）は、侍と御供の二人の中間（片岡千恵蔵ともう一人は加東大介）達と追いつ追われつの旅を行く、庶民達の悲喜交々の有り様なのである。

小間物商人、按摩、旅芸人の母子、身売りされる娘と父親、身売りされた娘を身請けし様とする父親、目明し、大泥棒、そして主人公の槍持に憧れる少年……。彼等は旅行く道中での再三の無理無体（その多くは侍達に因る）に黙って耐え、唯々只管旅を急ごうとしている。月形竜之介、新藤英太郎、小川虎之助、横山運平、喜多川千鶴、田代百合子、加賀邦男などなど、脇を固める手練の助演者達が、片岡千恵蔵の存在を更に際立たせ、武家社会の度し難い矛盾と、思えば滑稽としか考えられない驚く許りの立前性の有り様を見事に炙り出す。

心持が優しく家来思いの主人なのだが、槍持の権八の唯一つの気掛かりは、御主人様の生来の酒癖の悪さなのである。その乱れ振りは尋常ではなく、酒を呷り始めると忽ちその様は、正に、酒乱と変り果てて仕舞うのである。もう一人の中間である源太（加東大介）は、当人が元々酒好きの為、権八が一寸目を離した隙に主人ともども強かに酒を呷り、酒乱に変じた御主人様を窮地に貶めて仕舞うが、間一髪、既(すんで)の処で駆け付けた権八に因って二人ともども救われる。

が、事は再び——。同宿した旅籠屋で見た、喜怒哀楽をその儘に生き生きとしている庶民達に、武家社会の立前の空(むな)しさを感じた御主人様は、源太を誘い再び酒を飲もうと酒屋に……。惨劇はそこで起きた。既に強かに酔って酒屋に繰り込んできた五人の侍に、些細な事で因縁を付けられ、御主人様は源太ともども呆気なく切り殺されて仕舞う。御主人様の危急に権八は押っ取り刀で、いや、主人の槍をよたよたと抱え、息急き切って一目散に駆け付ける。権八がそこで見たものは、無惨に斬り殺された御主人様と同僚の源太——。

無限の哀しみと天を衝く憤怒に駆られた権八は、声にもならない哀しみの雄叫びを上げ、無我夢中で五人の酔っ払い侍達に突き掛かって行く。武術の心得など全くない下郎の権八。このシーンで見せる千恵蔵の殺陣(たて)は実に見事な立回りで、能(よ)く能く計算され尽した感がある。片岡千恵蔵は戦前からの時代劇スターで、その太刀捌きには定評があった。その千恵蔵が、兎も角、五人の侍達と下手に渡りあわなければならない。何せ、武術の心得など全くない下郎なのだから。兎も角、飽く迄も下手に下手にであり、かと言って、御主人様と同僚を殺された絶望的な哀しみと怒りとを、下手で有りながらも殺陣の中に出さなければならない。

勿論、千恵蔵や内田監督の演技の上手さや演出の巧みさの所為も有るのだろうが、このシーンが出色の名場面となったのは、このシーンの殺陣を付けた殺陣師足立怜二郎に因る処が大である。武術の心得の全くない下僕の槍持が、主人の無念さに報いる為、主人の怨みを晴らす為、唯々その一途に燃えて使った事もない大槍を、それこそ無茶苦茶に振り回し突き捲り、半死半生になりながらもめでたくも本懐を遂げる。

千恵蔵の殺陣の〝下手ウマ〟振りが実に巧みで、自分の主(あるじ)を殺された下僕の心から怒りの表出がその立回りから見て取れ、見る者達に感動を与えて涕涙を誘う。そして、めでたく本懐を遂げた権八は、今まで様々に関わって来た道中一緒だった人々の見送りを受け、主人の遺骨を大事そうに抱き、主人の形見とも言えるその槍を担ぎ、旅した東海道を、唯独り、傷心の心重く故郷へと帰って行く。槍持に憧れた少年の、慕う故の罵声の哀しみを受けながら……。

　この映画を初めて見たのは、学生時代であったから大分前の事である。当然とは言え、当時はまだ何も知らぬガキで有った故（今でも何も知らぬ事は、人後に落ちないのだが……）、——有名監督が東映時代劇スターを使った痛快仇討物語——、ぐらいの認識しかなく、ともすると、——勧善懲悪を宗とする東映御得意の時代劇——、であるとの思いが強かった。が、年齢を重ねる内、この映画を何回も見る内、内田吐夢の人生を知る内、私のこの作品に関する見方が、次第に変化を起し始めて行った。

　確かに、『血槍富士』は武家に仕える槍持の中間が、主人の怨みを晴らす仇討物語では有る。それは間違いない。が、この映画の内容を詳細に追って行くと、武家社会の矛盾、それも深刻なと言うより滑稽さを孕んだ（滑稽で有るが故に、尚更、深刻さが増すとも言えるのだが……）馬鹿馬鹿しさ、と言えるかも知れない。そんな立前、対面、沽券、意地などに囚われ、雁字搦めの御武家様より、泣き、笑い、怒り、哀しみなど、己達の感情の儘に生きている市井の人々達の方が、余程、——人らしい生き方——をしているのだ、と言ったメッセージが飽く迄押し付けでなく、静かに静かに語られている。武家社会の有り様を密かに告発、或いは、揶揄する形態を内に孕んだ映画は、戦前から多く有った。検閲当局の厳しい目を何とか欺いて——。——カツドウ屋の意地——である。

　それは何も、「革命を起こす」とか、「主義者である」とか、「世上を攪乱する」とかと言った過激な思想的なものではなく（それに近いものも有るには有ったのだが……）、当時の余りの検閲に対する、――カツドウ屋の義侠――に近いものだったのだ。検閲など全くなくなった、戦後十年経て作られたこの作品にも、そんなカツドウ屋の意地の様な叛骨をそれとなく感じる。恐らく、戦前からの映画監督である内田吐夢の内部にも、そんな――義侠の叛骨が脈々と息衝いていたのであろう。内田吐夢は少年時代、不良少年だったと言われている。

日本映画黎明期から戦前まで、そんな少年期を過ごした者達も数多い。有り体に言って仕舞うと、――戦争前だったらカツドウ屋になるなどと言う事は、堅気の親なら絶対的に認めはしないし、なるやつの大方は、何処か世間様を憚る訳有りの半端者であった――。戦前までは、――カツドウを見るのも作るのも不良――、だったのである。

『血槍富士』と言う映画は、戦前の井上金太郎が監督した『道中悲記』のリメーク版であるのだが、企画協力には錚々たる〝戦前のカツドウ屋の不良ども〟が、盟友・内田吐夢の為に名を連ねている。溝口健二、小津安二郎、清水宏、伊藤大輔。何れも傑作・名作を作った〝名立たる不良ども〟である。

処で、果して内田吐夢は、中国の映画作りに長く協力してその影響を受けたのであろうか？ 私は、正直、受けたと思う。『血槍富士』の庶民達の描き方に、ある種のそれらしきものを感じるのだ。そしてそれは、〔生身を晒して生きる人間への観察眼の変化〕と内向し、後年、傑作・名作・秀作を立て続けに作らせる要因となったのではないか……。処で、その共産・中国での影響ともある意味関係のある話で有るのだが、『血槍富士』のラストに、『海ゆかば』のメロディーが流れる話である。初めて私がこの映画の有名なラストシーンを見た時、「江戸時代の当時もこの様に遺骨を運ぶものなのか」と言った思いであり、更には、「日本人は舎利になった骨をかくも大事にする民族で、それは今もずっと連綿として続いている伝統なのだ」、と言った感慨であった。

最近は都会は勿論、田舎の隅々にまで〔葬祭業者〕が跋扈して一切を差配して仕舞う為、喪主が白布で包まれた骨箱を首から下げて道行く葬れんは、先ず見られないのが一般的である。御大層な外車の霊柩車で火葬場に行き、その後も車で一気に……である。少し前までの日本は違った。特に、一般庶民は。これは、本論とは全く関係ないのだが、――少なくとも、葬儀の主体だけは、葬祭業者達の手から取り戻さなければならない――、と深く思っている。（全くの余談――）

『血槍富士』を初めて見た頃、何故か、戦争・軍事・軍政学・地政学などに興味があり、特に、大東亜戦争には深い関心があって、当時の記録映画をよく見た。その中には、〝権八のあの姿〟が数多く見られた……。――無言の英霊の凱旋――である。否、それは当時の体の善い方便で、本当は、――惨敗の戦死者達――である。

――英霊の遺骨――を首から下げて捧げ持つ遺族の姿は、それこそ日本中の街々村々に溢れたのである。それが大東亜戦争後半の日本の日常であった。無慮数十万数百万の――当時の権八のあの姿――が見られた。それら戦死者達のニュースがラジオから聴かれる時、必ず必ず、あの『海ゆかば』の荘厳かつ沈鬱極まるメロディーが流れたのである――。

彼らにとって『海ゆかば』とは、果して、何で有ったのだろうか？

彼らとは『血槍富士』の監督内田吐夢、及び、その実現の為に企画協力した面々、溝口健二、小津安二郎、清水宏、伊藤大輔である。戦時色を次第に深めつつ有った当時の日本は、言論・表現の自由を急速に制限し始め、強力な検閲・統制を以て国論の統一を目論み、因って〔戦時国防国家〕を作ろうとした。映画界もそれに協力した。或いは、協力させられた。当時の映画人を、今の地平から批判するのは容易い。が、私は必ずしもその立場をとらない。

とまれ——。『海ゆかば』である。彼らにとって、『海ゆかば』は——日常——であった。いや、正確ではない。彼らを含めた日本人、日本人全体が——日常——であった。この歌が歌われる時、この歌が流れる時、この歌が大合唱となる時、必ず必ず、哀しく切なく辛くなる事が起った、必ず——。

戦死者を葬送する送りの歌として、戦死者を伝えるNHKラジオの傷みの歌として、そして、昭和十八年十月二十一日、小雨に煙る神宮外苑競技場で挙行された〔出陣学徒壮行会〕で、スタンドを埋めた女子学生達や後輩達から、期せずして沸き起こった、死に行く者達への送別の歌として、更には、特攻に向かう隊員達への餞(はなむけ)の歌として——。

それは、明らかにこの歌の主旨（悪く言わば、企みと言ってもよい）とは、全き違っていた。

——天皇に絶対忠誠を誓って死する事も辞せず——と、国民を奮闘鼓舞する歌が、何時の間にか、——滅びを傷む歌——に変っていた。哀しい事に、いや、それは決して哀しい事だけではないかも知れないが、最早、この歌を以てしてしか、帝国臣民たる日本人を押えられなくなっていた。そして、『海ゆかば』は、——レクイエム——となった。鎮魂歌としての『海ゆかば』——。

南方の密林で南溟(なんめい)の果てで戦死した英霊の御霊へ、学窓から戦(いくさ)の庭(にわ)に出ず学徒兵達へ、南方洋上に遊弋する米軍艦船に特攻を駆ける陸鷲達・海鷲達へ……。そしてそれは更に、滅び行く〔帝国日本〕、〔戦死者総体〕への鎮魂歌となった。鎮魂歌『海ゆかば』——。

私は共産国・中国に長く留まった内田吐夢は、その思想的影響を受けた云々と書いたのだが、果してそれは当を得ていたのだろうか？　今も全くそうなのだが、当時の中国は今以上に、〔日本の軍国主義糾弾〕を絶対の国是としていた。『海ゆかば』などは、彼らからすれば、〔日本軍国主義讃美の怪しからぬ歌〕なのである。が、帰国第一作で内田は『海ゆかば』を使った。内田吐夢の心の核は変らなかった。内田を始めとして、『血槍富士』に協力した溝口、小津、清水、伊藤らは、戦争中の国民一般と全く同じく、『海ゆかば』を鎮魂歌として、魂鎮(たましずめ)の歌として認識していたのだ。あの大東亜戦争を肌身を以て見知っている内田吐夢は、長く共産国・中国にいても、矢張り、——日本人映画監督・内田吐夢——で有った。

　片岡千恵蔵の槍持権八が、——彼の大戦(おおいくさ)である仇討——を終り、主人の遺骨を抱いて故郷に〝凱旋〟するシーンに流れる、——鎮魂歌としての『海ゆかば』——。内田吐夢は、〔骨がらみあの戦争を知っている日本人〕、であった。私に与えられた紙幅は最早尽き様としている。大伴家持の作歌になる『海ゆかば』の意味内容を、彼(か)の歌から千年以上の長きに渡って連綿として培ってきた、〔日本及び日本人の有り様〕、更には、〔日本の風土と精神性〕などなどとして考察したかったが、そのスペースはなくなって仕舞った。最後に、新保裕司編の『「海ゆかば」の昭和』の中から、私が最も感動を覚えた識者二人の発言の極(ごく)一部を書いて置く。

　「海ゆかば」を目をつむって聴いてみるといい。これを聴いていったい誰が好戦的な気持ちになるだろう。人でありながら人を憎み、人を殺したいと思うだろう。私は「海ゆかば」の彼方に日本の山河を見る。紅(くれない)に染まって昏(く)れてゆく、日本の海を見る。

（作家・演出家　久世光彦(くぜてるひこ)）

　そして、戦後の日本人の——常識——に激烈なる一撃を与える一文。

大日本帝国の崩壊と敗戦によつて、異国軍隊の占領下に置かれたとき、信時潔「海ゆかば」は封印された。生き埋めといつてもいい。占領軍が封印したといふより、占領下民主主義に従順な日本人がその「常識」によつて封印したのである。

（文芸評論家　桶谷秀昭（おけたにひであき））

何たるアイロニー――。桶谷秀昭の鋭い指摘の如く、戦後、日本人は自らの手で以て、『海ゆかば』を封印して仕舞った。そして今、我々は何を以て、あの戦争の戦死者達への鎮魂となすのか……。『海ゆかば』は、決して戦いの歌なのではなく、――鎮魂としての歌――なのである。

（２００８年９月）

#「止めて下さるな、妙心殿！」廉価DVD『平手造酒』とわが青春

「止めて下さるな、妙心殿。落ちぶれ果てても平手は武士じゃ男の散りぎわは知って居り申す、行かねばならぬそこをどいて下され、行かねばならぬのだ。」

台詞だけでも大衆演劇の股旅物の様なクサさ（!?）いっぱいであるのだが、その上、ド派手な着物を纏った三波春夫が、これでもかと許りに、浪曲で鍛えた独特の艶のある声で思い入れたっぷりに絞り出すのである。特に最後の「行かねばならぬのだっ——」は、大量の唾も飛びかねない渾身（!?）の大絶叫で、その天下の美声も思わず裏返ってしまう様な有様なのである。

今の若い人は知らないであろうが、これは——国民的歌手——と言われた彼の三波春夫の唄った『大利根無情』の、一番と二番の間奏の時に入る台詞である。因みに、少し長いが全編を書き出すと次の様になる。

利根の利根の川風　よしきりの
声が冷たく　身をせめる
これが浮世か
見てはいけない　西空見れば
江戸へ江戸へひと刷毛
あかね雲

「佐原囃子が聴えてくらあ、想い出すなア…、御玉ヶ池の千葉道場か、うふ…。平手造酒も、今じゃやくざの用心棒、人生裏街道の枯落葉か。」

義理の義理の夜風に
さらされて
月よお前も泣きたかろ
こゝろみだれて
抜いたすすきを　奥歯で噛んだ
男男泪の　落し差し

「止めて下さるな、妙心殿。落ちぶれ果てても平手は武士じゃ男の散りぎわは知って居り申す、行かねばならぬそこをどいて下され、行かねばならぬのだ。」

瞼瞼ぬらして　大利根の
水に流した　夢いくつ
息をころして
地獄まいりの　冷酒のめば
鐘が鐘が鳴る鳴る　妙円寺

丸で、ありありとその情景が眼に浮かぶ様な見事極まる歌詞と、それを更に弥増す効果をもたらす間奏の台詞であると思う。私はこの国民的歌手の、東京五輪を唄った『東京五輪音頭』や大阪万博を唄った『世界の国からこんにちは』など、ある意味能天気気味の太平楽な歌は大嫌いなのだが、彼の初期の歌、例えば『チャンチキおけさ』、例えば『雪の渡り鳥』、例えば『一本刀土俵入り』、そしてこの『大利根月夜』などはたまらなく好きである。

歌われているその内容や主人公が本来好きと言う事もあるのだが、その歌詞も心に沁み入る様な名文句がある為でもあるのだ。――合羽からげて三度笠　何処をねぐらの渡り鳥――(『雪の渡り鳥』より)、――野暮な浮世の裏表　教えこまれて　一昔　夢でござんす　なにもかも――(『一本刀土俵入り』より)、そして先に書いた『大利根無情』の、――義理の義理の夜風に　さらされて　月よお前も泣きたかろ――などなど、思わず、「上手いっ」と唸ってしまう程の小憎らしい名文句の一節である。

私は常々思っているのであるが、今現在の歌謡曲の作詞家達には、この様な思わず唸ってしまう様な決定的な名文句を作り出すのは絶対に不可能で、少なくとも、戦前にその教育の基本的部分を受けた人々だけに可能である、と。そんな事に考えを巡らせ、そこから思い切り大胆に類推する事を許して貰えば、戦前さらにはその残滓が色濃く残っていた昭和三十年代前半までは、ここに唄われていた主人公達、鯉名の銀平（『雪の渡り鳥』）、駒形茂兵衛（『一本刀土俵入り』）、平手造酒（『大利根無情』）などは、国民大衆一般の総てが見知っている、言わば、――御存知、我らがヒーロ――であったのである。大衆小説で、更にはそれらを元にした映画で。国民大衆はそれらの多くの場面で、ある時は泣き、ある時は笑い、ある時は怒り、そして最後には、拍手喝采を惜しみなく送ったのであった。

数年前、我が田舎町と隣町の境に、この辺りでは可成りと言える量販店が出来た。大きいと言っても地方の田舎町であるので高が知れているのだが、隣接してスーパーマーケットも設置されているので、食糧品や大方の日用品などは一応総て間に合う。私もよくそこに行くのだが、二十日程前、余り広くない通路に無造作に置かれた白いワゴンが眼に入った。それには、何処かのＤＶＤ・ＣＤ店で売れずに廃棄処分になったと思われる、ＤＶＤ・ＣＤ類が山と積まれていたのだ。何れも名作・傑作・話題作と言える様な代物はなかったのだが、兎に角安かったので、ＤＶＤ２枚と落語のＣＤ２枚を選んで求めた。

その一枚が先に書いた歌の主人公平手造酒の映画である（この映画と三波の歌とは直接関係はないのだが……）。題して、その名も『平手造酒』。昭和二十七年度製作・新東宝映画である。監督・並木鏡太郎、原作・中山義秀、脚本・橋本忍（!!）、主演・山村聰、共演・花井蘭子、月形竜之介、柳永次郎、左卜全、田中春夫。新東宝と言った処も曰く言い難しであるのだが、出演者にしてもどちらかと言えば地味で、飛びっ切り大スターなどは一人も出ていない。強いて注目点を挙げれば、ホンを書いた橋本忍であろうか。兎も角、今現在となっては、――完全に忘れ去られた映画――の数多くの一本である。

実は、戦後生まれの例に漏れず、私もこの大衆的ヒーローに就いては何も知らないのだ。小説でも読んだ事はないし、浪曲でも講談でも聞かなかったし、彼を扱った映画の類(たぐい)すら一本も見てはいないのだ。唯、三波春夫の例の歌や、田端義夫が戦前に唄って大ヒットした『大利根月夜』(この歌も昔から大好きで、中学生時代!!から愛唱歌の一つ……)で、平手造酒なる人物を辛うじて知っているだけの話である。

平手造酒なる――不遇のヒーロー――に就いて知っている事を挙げれば、作家中山義秀、『天保水滸伝』、神田・お玉が池の千葉周作道場、ヤクザの笹川繁蔵(ささがわのしげぞう)と飯岡助五郎(いいおかのすけごろう)、利根川べりの大出入り、史実は今一つはっきりとはしないのだが、その大出入りで死んだのは、実の処、平手造酒と言われた繁蔵側の用心棒であった、尾羽打ち枯らした痩せ浪人者ただ一人だけ、などなど。予(かね)てから他に、彼に就いてもっと知りたい密かな理由もあったのだが、それは後述する事にする。

『シネマ気球』をお読みの若い読者諸兄も、恐らく、平手造酒に就いてあまり御存知ないであろうから、この新東宝映画の『平手造酒』の粗筋を手短に書く。時は幕末、北辰一刀流の祖、神田・お玉が池に道場を構える千葉周作(月形竜之介)は、江戸でも一、二を争う剣の達人で門弟も数多(あまた)に及んだが、その弟子達の中でも随一の使い手は、師匠の代稽古を勤めるまでの腕を持つ平手造酒(山村聰)であった。

浪人である平手は腕は随一であるのだが、生来の世渡り下手で、門地(家柄の事)も金もなく更にはこれと言った伝手(つて)もなく、師匠の周作も何かと心配してはくれるのだが、未だに士官の道は儘(まま)ならないでいた。傍輩(ほうばい)の神坂(田中春夫)の様に、腕は全く立たないのだが、家柄が良い許り(ばか)りにまんまと五百石取りの旗本の養子になる者もあり、平手の心は次第に焦りにも似た苛立ちに嘖(さいな)まれて行く。

折も折、門弟達の多くが密かに憧れていた師匠周作の娘が、千二百石取りの大身の旗本の元に輿入れ（婚礼の事）してしまい、他の門弟達と同様に密かに憧れていた平手も落胆の色は隠せなかったのである。そんなある日、千葉一門の酒宴がさる料亭で開かれた。その席で平手は一人の芸者を見初める。名を増次と言った。驚いた事に、増次は嫁に行った周作の娘と瓜二つの相貌をしていた。益々、増次に引かれて行く平手。

三味線などの芸事が好きで、自ら進んで芸者になった増次ではあったが、芸者世界の理不尽極まりない仕来りに心底嫌気がさし、つくづくこの世が疎ましくなっていた。鬱屈の晴れ処のない平手は、本来の酒好きが益々高じ、さる居酒屋で強かに酔い、遂に、武士にあるまじき乱暴狼藉を働いてしまう――。それが原因となり、周作が弟子かわいさに、必死の思いで奔走してくれた、但馬・出石藩仙谷家への士官の道も閉ざされてしまう。

それからの平手は人が変った様に荒び狂い、腕に任せて乱暴極まる荒稽古で同輩達を半死半生にさせ、更には、以前にも増しての酒浸りの日々へと堕ちて行く。そして、若き剣豪平手造酒を、更なる悪夢が襲う。労咳である。今で言う結核。戦前までは、死に至る不死の病であった。当時の治療法は唯一つ。滋養のある物をとり、安静にしている事だけである。全きの絶望に襲われた平手は江戸を捨てた。芸者の世界につくづく嫌気がさした増次とともに……。

――薄幸の男と女の往く運命――は、通俗小説や大衆芝居では常として決まっているのである。ここから後は、先に書いた三波の『大利根無情』の台詞で事足りる。

「平手造酒も、今じゃやくざの用心棒、人生裏街道の枯落葉か。」

更なる後半の粗筋の説明を補強（⁉）する為には、田端義夫の大ヒット曲『大利根月夜』の一節を挙げれば駄目押し（⁉）であろう。

あれを御覧と　指差すかたに
利根の流れを　ながれ月
昔笑うて　眺めた月も
今日は今日は　涙の顔で見る

江戸を捨てた平手と増次が流れた先は、下総国（今の千葉県北部）の佐原。その名も坂東太郎と称された関東一の大河である利根川。佐原はその利根川べりにあり、香取神社の総本社である香取神宮が鎮座している事で名高い。辺り一帯を縄張にしている博徒・笹川繁蔵（柳永二郎）は、同じく博徒である飯岡助五郎とあらゆる事で争い事を起していたのだが、香取神宮の祭礼の仕切りの件でも常に刃傷沙汰が起り、何時、出入りになっても可笑しくない退っ引きならぬ事態となっていた。

ひょんな成行きから、飯岡一家に襲われた繁蔵の子分を助けた平手は、労咳の発作から突然の吐血に見舞われ、その儘、笹川一家の厄介になる身になってしまったのである。繁蔵の世話で妙円寺に身を寄せた平手と増次はそこを仮の宿とし、病の身を養生しながら笹川一家の子分達に剣術を教え始めるのであったが、売った江戸とは言え矢張り恋しい彼の地であった。

嘗ては、――千葉道場随一――と唄われた平手造酒であったが、今や、病身を託つヤクザの用心棒と成り果ててしまったのである。

江戸を売って鄙（ひな）なる地佐原に流れたのが良かったのか、更には、心から心配して何くれとなく面倒を見てくれた妙円寺の住職妙心和尚（左卜全）の為か、平手の体は何とか小康状態を得るまでになって行った。捨てたとは言え矢張り江戸はたまらなく恋しいし、侍にあるまじき所業をしたにも拘らず師匠の千葉周作からも、――早く体を治して再び剣に生きよ――との、心優しい文（ふみ）も送られて来るのである。煩悶する平手。

ヤクザ風情の用心棒にまで堕ちてしまった己が、たまらなく切なくて何とも情けなく、侍である事に嫌気がさして来るのであるが、かと言って武士である事も捨て切れなかった。そんなある日、小康を得ていた労咳がぶり返し、再び大量の吐血に見舞われて床に伏す身になってしまった。折しも、――己の御主人――である飼主笹川一家は、宿敵飯岡一家と一家の存亡を賭けた、大出入りに発展しそうな雲行きになっていた。

斯（か）くて、世に言う処の、――大利根河原の決闘――が行われたのである。――生き急ぎ死に急ぐ肺病やみの不遇な天才剣士平手造酒――は、大利根の河原すすきを血潮に染め、その短くも鮮烈な生涯を終るのである。

私はこの様な、――不遇なヒーロー――が好きである。いや、それは私許りではない。ある時期まで、日本人の大多数が好きであった。小説に、歌舞伎・芝居に、浪曲に、講談に、歌謡曲に、そして映画に。おそらくそこには、日本人の琴線（きんせん）に触るる何かが、常として流れていたのであろう。日本人の心情の最深部に脈々として常に流れていた、日本人たる証（あかし）の涸れる事のなき密やかなる地下水脈――。戦前から戦後の一時期まで、殊に映画になった不遇なるヒーローは数多くに上り、各社の看板スターは競い合う様に演じるのを常とした。

看板スターは不遇なるヒーローを演じる事に因り、大衆の涙を弥が上にも絞り、更にその人気を不動ならしめ様と目論む。涙を流そうと待ち構える大衆、涙を流させ様と目論むスター・映画会社、二者のある種の合意の共犯関係が、ある時には作為として、又、ある時には不作為として、暗に成立していたのである。その様な諸々を明々として取り込み、敢然として成り立っていたのが、言う処の大衆演劇であった。通称、―旅回り――、これも私は好きであった。

私がそれを初めて見たのは、小学校に上がる前であったが、大井川沿いにある所謂ヘルスセンターで、母親を含む近所の婦人グループに連れられて見た。幼い私には、勿論その出し物が何であったか定かに判ろう筈もなかったが、回りの大人達の多くが涙ぐんでいたのは、今でもはっきりと覚えているのだ。子供心には、その役者連中の鮮やか極まる毒々しいまでの化粧が、何時までも強烈に残った……。今現在は、見に来る客層や置かれた諸々の状況が違う為か、昔通りではないにしても、基本的な有り様は、大きな事では変りないと思う。私はそこに、――芸能一般――のラジカル性を見るのだが……。


話を映画『平手造酒』に戻す。この圧倒的大多数の映画ファンから全く忘れ去られている映画『平手造酒』は、何処から考えても取るに足らない駄作であろうし、深夜のテレビの枠内で時間つなぎに流す映画（それもローカル局の……）ぐらいの価値しかない代物であり、投売りのワゴンセールの山の中に置いても、二、三ヶ月経ってもその儘残ってしまう作品である。唯一の見る可き処は、――あの名脚本家橋本忍のホン――である。そしてそれは、「彼でもたまには凡作も……」であるのだが……。第一、主演の山村聰は、歌舞伎で言う処の――平手造酒のニン――ではないのだ。

門閥や門地もなく、又、金も伝もなく、唯々、剣の腕を上げる事に精進した若き浪人が、やがて酒に溺れ女に溺れ、更には労咳と言う不死病に侵され、最後は、ヤクザの用心棒にまで堕ちて生き急ぎ死に急ぐ――。その様な浪人平手造酒を演じる山村聰には、剣に総てを駆けて密やかな野望を遂げ様とする、ギラギラとした欲望を演じ切るには清潔すぎるし、後半、酒と女に溺れて次第に自堕落になり、最後は労咳と言う死病を背負い、ヤクザの用心棒風情に堕ちて死に行くと言った、妖しくも凄惨・凄絶な――死に急ぐ美学――が演技出来ない。山村は東京帝国大学出のインテリであり、出演作品もそんなインテリ風の役処が多いし、本人もそれを得意としている感がある。

小津安二郎の『東京物語』の、長男の町医者の様な。更には、日米合作映画の『トラ・トラ・トラ』の、連合艦隊司令長官山本五十六の様な。残念ながら(!?)、彼は酒にも女にも溺れないし、ヤクザ一家の用心棒にもならない……。私にはさだかには判らないのだが、映画会社にも彼の側にも様々・諸々の事情があったのであろうが、平手造酒は明らかにミスキャストである。

監督の並木鏡太郎の演出も、これと言って見る可き処はないのだが、彼の名誉の為に敢えて書けば、このケー・アイ・コーポレーションなる社の発売した新東宝映画『平手造酒』は、所謂――縮尺版――であって、わずか六十四分しかないのだ。果して公開時は、どのくらいの――尺数――があったのであろうか？　私はこのＢ級（ひょっとしたらＣ級か……）プログラムピクチャーを、殊更、悪し様に書き過ぎた様である……。勿論、どう贔屓目（ひいきめ）に見ても傑作・名作とは言えまい。が、悪し様に書いた大きな理由らしき物は、どうやら、私の内部に宿っている極々個人的な理由が、その原因の一つになっている様な気がするのだ。

繰り返すが、私は平手造酒が大好きであるのだ。三波春夫や田端義夫の歌を通じて。である故、それらの歌を通じての、――私の平手造酒像――が確として出来上ってしまっているのである。だから、そのイメージに外れる物は総てダメ、となるのだ。残念ながらと言う可きか、当然ながらと言う可きか、この映画はそのイメージから遠く遠く外れているのだ。まあ、この映画が製作された昭和二十七年から時代は少し後になるが、新東宝映画専属で平手造酒が演じられる役者と言えば彼しかいない。そうである。

大傑作『東海道四谷怪談』(中川信夫監督)で、妖気迫る凄まじい妖婉さで民谷伊右衛門を演じ切った彼の人、天地茂――。彼が平手造酒をやれば、相手役の芸者増次は、当然、彼の三原葉子(!!)しかいない。天地茂・三原葉子のコンビは、――新東宝最強のエロ・グロ路線コンビ――(!?)でもあるのだ。(若い人は知らないだろうが……私もリアルタイムでは流石に知らないのだ)

そんなたわいない話は兎も角、私はこの映画にいちいちケチを付けて散々に悪態をつきながら、別の処では、十分に楽しみ、喜び、懐かしみもしたし、更には危うく、既の処で涙すら流しかねない始末であった。――私の青春――に。この映画の千葉周作役は、前述した様に月形竜之介である。当時、江戸随一と謳われた歴史的剣豪である。流石、月形竜之介。戦前からの剣豪スターであった彼の千葉周作は、実際の周作も斯くやと思わせる様な見事な太刀捌きを見せ、暫し私を唸らせたのである。更には、笹川繁蔵の敵、飯岡一家の用心棒を演じた若き日の清水元。(若き読者諸兄は知っているだろうか? 恐らく、映画好きなら一度は何かしらの映画で、脇役として見ている筈。名脇役)

飯岡一家にもっと強い浪人の用心棒が現われ、敢えなくオハライ箱となり、泥酔して愚痴る処など正に絶品である。更には今一人。三波の歌の中で歌われている妙円寺の住職の妙心。誰あろう、あの怪優左卜全(!!)が演じているのだ。(黒澤明の『七人の侍』の農民与平役で、三船敏郎と絶妙のカラミを見せたと記せばお判りであろう……）

私が田端の『大利根月夜』や、三波の『大利根無情』からイメージして作り上げた妙心とは、必ずしも合致しないのであるが、あの飄々（ひょうひょう）とした惚（とぼ）けた風情は正にト全その物であって彼ならではの味わいがあり、それはそれで十分に楽しめたのであった。唯、映画は南の歌どおりの展開ではなく、監督の並木の演出は、その役目を芸者の増次にさせているのであった。少し、いや、大いに残念であった。実を申すと、私がこのＤＶＤを求めた理由の大半は、あの歌の様な行動をとる――妙心殿――をこそ、絶対にみたかったのだ――。そこに――私の青春――があった。正確に記せば、私の苦く切ない甘い青春がだ……。

私は学生時代とその後の可成り長い時間、――巻屋（まきや）――であった。この小誌の編集長であられるＳ氏も、毎回健筆を揮っておられるＫ氏も、何を隠そう、見るも鮮やかな手練の技（わざ）（!?）を見せる、なくてはならないベテランの巻屋であったのだ。嗚呼、学生時代、私の糧（かて）を満たしてくれた、切なくも懐かしき巻屋稼業――。

今は全く判らないのであるが、当時、新聞社は印刷部門（編集にもいたが、我々とは頭!?が違った……）のきつい仕事などには、数多くの学生アルバイトを扱（こ）き使っていた。多数の高速輪転機で瞬く間に印刷された新聞紙は、百部が一塊となって次から次へとベルトコンベヤーから流れ、陸続として大きな発送場へと押し寄せて来るのである。我々学生が主力のバイト連中は、各々がベルトコンベヤーの左右に据えられた鉄製のテーブルに陣取り、流れ来るその百部の塊を、ここを先途と許り片っ端から梱包するのである。次第次第に疲れて行き、都心部に発送する頃には部数もピークに達し、時間も午前三時前後になって来ると、思いは唯々、仕事後の風呂とその後の缶ビールだけに飛んで行く。

我らはその作業をする者も、社員達も学生バイト連中も、陰で——巻屋——と呼んでいた。我らは軽い自嘲と微かな憐憫を込めて……。梱包紙か梱包ビニールで、一晩中、百部の新聞紙を巻くからである。新聞の休刊日以外は、午後九時までには現場に入らなければならない。S氏もK氏も極めて真面目であったが、私と言えば、これが実に好い加減で、しばしばズル休みをした。勿論、千九百五十円(!!)の日給は出ない。それでも嫌になってしまうと、如何にしても嫌なのだ。とは言っても、銭がなくなると、全く身動きが取れない。否でも応でも働くしかないのである。愈々となって切羽詰まると、やおら決心を固める。

先ず、新宿ゴールデン街の行き付けの飲み屋に開店早々行き、軽くビールを呷る。勿論、ぐでんぐでんになる迄酔ってはいけない。働けなくなる。第一、そんなになったら、常に眼を光らせている現場の職制や玄関の警備員室に詰めている彼らに、たちまちに摘み出され、悪くすると馘首になってしまう。軽く呷って何とか威勢(!?)を付け、——いざ品川へ——であろうか……。マスターや回りの顔見知りの飲み仲間は、私の——苦渋の選択——を知ってか知らずか、「まだ早いじゃんっ、輝ちゃんもっと飲もうぜっ」などと、悪魔の囁きにも似た甘言を弄するのである。

そこで私は、自分自身の未練を断ち切る為と、すでに酔い始めている飲み仲間ウケを狙って、一世一代の大芝居(!?)——三波春夫版平手造酒——となり、思い切りクサく次の台詞を吐く——。

「止めて下さるな、○○殿っ——。落ちぶれ果てても鈴木は巻屋じゃバイトの働き処だけは知って居り申す。行かねばならぬそこをどいて下されっ、行かねばならぬのだっ——」

これを演じるときの要諦（ようてい）（!?）は、身振り手振りを出来るだけ大胆にし、三波にも優るクサさ、言わば、座長芝居以上の大クサで音吐（おんと）朗々と吐くのである。確かに最初のころは大ウケであった。が、回数を重ねる内に段々と……である。こんな馬鹿馬鹿しいことをして己を笑わなければ、嫌な時は如何してもバイトには行けなかった。中学生時代から大好きだった田端義夫の名曲『大利根月夜』や、毒々しいまでにド派手の着物姿で飽く迄クサく唄う三波春夫のヒット曲『大利根無情』。それらに因って形作られた、――私の平手造酒像――。あの当時の私は、今の自分の惨めたらしい境遇を、不遇のヒーロー平手造酒と、何となく同一視していたのかも……。

今に於ては誰からも忘れられた、新東宝の完全Ｂ級映画『平手造酒』。私は、出来の極めて悪いこの映画を大いに文句を言いながら見つつ、何故か、いや正確には必然として、そこに遠い昔の、切なくも甘き若い日々を見ていたのかも知れない。

日本映画黎明期から昭和三十年代前半まで、映画ファン許りでなく国民の大多数は、彼平手造酒の様な不遇・不幸のヒーローを、熱狂的かつ圧倒的に支持し続けた。思い付く儘にその名を挙げれば、ずっと述べて来た平手造酒、新納鶴千代（にいのつるちよ）、伊那の勘太郎、関の弥太ッぺ、りゃんこの弥太郎、伊豆の佐太郎、駒形茂兵衛、板割りの浅太郎、沓掛時次郎、そして、恐らく、もっとも多く芝居や映画化、更には流行歌（はやりうた）として取り上げられた『瞼の母』の番場の忠太郎――。

それらのヒーロー達は、ある時期まで明らかに、――日本人の心情の一片――を雄弁にも現わしていた。今、彼らが忘れられ様としている。日本或いは日本人は、全く変わってしまったのか――。私は今でも、彼らが限りなく好きである。

――東映時代劇傑作ＤＶＤコレクションと銘打たれた、昔懐かしい東映の時代劇シリーズが刊行された。その第12号で、遂に、――我が加藤泰――の大傑作、あの『沓掛時次郎　遊侠一匹』が出版された――。以前、ＮＨＫで放送されたのでビデオで録画したのだが、今度はＤＶＤと言う事なので直ぐに購入した。私が一番好きな監督加藤泰。しかも、この『沓掛時次郎　遊侠一匹』は、加藤作品の中でも一、二を争う程に大好きである。

一宿一飯の危うさに生きる沓掛時次郎を演じた中村錦之助の、想像すら出来ない程の――明晰なる透明な繊細さ――と、監督した加藤泰のカメラの、フィックスなる故の――不自由の自由さ――が、考えられない様な別世界を奇跡的に作り出し、全編総て一部の隙もない程の――完璧さ――を形成しているのだ。ラストシーン直前で流れる、フランク永井歌う処の主題歌が、総てを物語っている。

縞の合羽に　振分け荷物
笠を横っちょに　一本刀
何が粋かよ　気がつく頃は
みんな手おくれ　吹きざらし
俺が沓掛時次郎

映画評論家、故・斎藤龍鳳（さいとうりゅうほう）師が、取分け、好んで口遊（くちず）んだと言われている一節、――何が粋かよ気がつく頃は　みんな手おくれ　吹きざらし――には、――漢（おとこ）の哀しび――の総てがある様な気がする。

（２００９年９月）

何よりもダメな映画『戦艦大和』

徳之島ノ西方二十浬ノ洋上、「大和」轟沈シテ巨體四裂ス　水深四百三十米
今ナオ埋没スル三千の骸（ムクロ）
彼ラ終焉ノ胸中果シテ如何

今、毎号発売された部品を組み立てて行けば、帝国海軍の航空母艦赤城（あかぎ）となるムック本が売り出されている。本屋に行くと目に付く所に山積みされている。大東亜戦争劈頭、真珠湾を急襲した六隻の空母群の旗艦であったあの赤城である。他にも帝国海軍に関する書籍や雑誌が多く目に止まる。何故かブームの感がある。それらを見る内、聯合艦隊を思った。私の脳裏に浮かんだのは兎も角活躍した空母赤城ではなく、何らの戦果も上げる事もなく無残に沈んだ軍船（いくさぶね）の事だ。——世界の三大バカ——と密かに揶揄された巨艦、戦艦大和である。今でも子供でも知っている戦艦大和。伝説の巨大戦艦大和——。

男達の必然の定めは——絶対の死——であった。それ以外、如何に考えてもあり得ない。大日本

帝国は戦っているのだ。大日本帝国は大戦争をしているのだ。大日本帝国は開闢以来の大戦をしているのだ。因って、帝国海軍は戦いの最先頭に立つのは当り前であり、帝国海軍の軍人である以上その作戦上の戦で死するのは望む所ではあるが、これはもう作戦などと言える代物ではなかった。戦略でも戦術でもない。唯単なる——無駄死に——。それを噂で知らされた時、大多数の士官や兵士の心底正直な思いはそうであった。たといそうであっても、帝国海軍軍人でありせば上からの命令は絶対であり、如何な無理無体な命令であっても命令は命令なのである。帝国海軍軍令部及び聯合艦隊司令部は、隷下の第二艦隊に〔天一號作戦〕を発動した。

先ヅ全艦突進、身ヲ以テ米海空勢力ヲ吸収シ特攻奏功ノ途ヲ開ク　更ニ命脈アラバ、タダ挺身、敵ノ眞唯中ニノシ上ゲ、全員火トナリ風トナリ、全彈打盡スベシ　若シナホ餘力アラバ、モトヨリ一躍シテ陸兵トナリ、千戈ヲ交ヘン

詰り、米軍が上陸した沖縄本島を目指して進み、沖縄周辺に遊弋している空母群を主力とした米軍の大艦隊と交戦し、更に命脈あらば沖縄本島の浜辺に座礁させて全弾を撃ち尽すまで戦い、それでもまだ生き残っている者あらば陸兵となって最後の最後まで戦い抜け、との命令である。

斯くて、戦艦大和を旗艦とする伊藤整一中将指揮する第二艦隊は、昭和二十年三月二十九日午後三時、瀬戸内海呉軍港を勇躍として出港し、山口県三田尻沖で待機に入ったのである。戦艦大和に付き従うのは、軽巡洋艦矢矧、駆逐艦霞、冬月、初霜、磯風、濱風、涼月、雪風、朝霜であったが、この艦隊を守る可き空母はミッドウェー海戦、マリアナ沖海戦、レイテ沖海戦と次々に沈められ、

最早、その上空を直接守る事は出来なくなっており、彼ら第二艦隊は制空権も制海権もない全くの――敵の海――への出撃であった。そして、艦隊は危惧した通り、直ぐに、強力な哨戒網を敷く米潜水艦と米哨戒機に捕捉された。

何よりもダメな映画『戰艦大和』

『戰艦大和』と言う今では全く忘れ去られた映画がある。昭和二十八年度公開の新東宝作品である。監督は戦前からのベテラン阿部豊、脚本もベテランの八住利雄、出演は船橋元、高田稔、藤田進、佐々木孝丸、伊沢一郎、高島忠夫、片山明彦、中山昭二など。映画は冒頭先ず、大和の沈んだ位置を地図で指し示す事から始まる。そしてその場所を思わせる静かな海面が映され、それに主演の船橋元の声で大和が沈んだ事が語られる。

直ぐに場面は変り、所謂〔天一號作戦〕に於ける軍令部・聯合艦隊を中心とした海軍首脳、及び陸軍側の担当参謀による作戦会議となる。その席上、異論も出されたが結局の所、海軍首脳は大和を主力とした第二艦隊に海上特攻を命じる事を決定す。秋(とき)は急を要していたのだ。米軍が沖縄に上陸を開始し、彼の地(か)を守る牛島満陸軍中将以下の三十二軍は必至の戦いの最中であった。彼ら海軍首脳の一人(三津田健)は、斯くの如く言い放つ。――成功の見込みは少ないが、光輝ある帝国海軍の歴史上の一ページを飾る可きである――、と。詰り、勝算は万に一つもないが、最早無用の長物となって仕舞った戦艦大和に、せめて――死に花を咲かせてやりたい――との思いである。今や、海戦の主力は完全に空母に変っていたのだ。

大和乗り組みの高級士官は兎も角、下士官・兵達の多くは、未だ、戦艦大和を無敵の浮沈戦艦と思っていた……。帝国海軍は国民一般に正確な情報を与える事を徹底的に拒み、それは兵士一般にも色濃く及び、彼らは何も判らぬ儘上官の命令に絶対的に従うだけであった。それは、――徹底的な私的制裁――と共に、帝国陸海軍の終焉までの不治の宿痾であった。

毎日の日課になっている副長能村次郎大佐（藤田進）の巡検が始まった。大和艦内を隈なく見回り、異常ないか各分隊チェックして行く。帝国海軍の巡検は、通常、副長の役目である。映画は早くも、この辺りからボロを出す。帝国海軍の象徴・巨大戦艦大和が如何にもセット然としており、浮かべる城と頼みなる鋼鉄の建造物にはお世辞にも見えないのだ。それに、決して嫌いな役者ではないのだが、この映画の藤田進は、帝国海軍の象徴である大和の副長を勤めるエリート軍人には如何にしてもみえず、何処か、好々爺の風情が漂って仕舞う有様であるのだ。戦時中、多くの戦争映画に出演した彼も昭和二十八年には、もう無理になって仕舞っていたのであろうか……。更にいけないのは画面に出て来る大勢の水兵達だ。

聯合艦隊の旗艦を長い間勤めた大和の乗員は、帝国海軍の水兵の中でも最優秀の者だけを集めたと言われているのだが、登場する下士官・水兵達の多くは、残念ながらそんな最優秀の猛者連の風情は微塵も感じる事が出来ず、立ち居振舞いのいちいちに、そんな猛者水兵が思わず醸し出す――潮風の鍛えた不敵な貌――が、全くと言って垣間みえないのだ。更に更に言わば、この映画の主人公である予備学生上りの吉田少尉（船橋元）やその仲間の矢張り予備士官の中・少尉連中、そして彼らを束ねるガンルーム（士官次室）の長である、海軍兵学校出の正規の士官臼淵大尉(伊沢一郎)にもそれは言えるのだが、私が最もダメだと感じた点は、彼らの多くが黒々とした長髪姿で、しかも、船橋も伊沢も海軍士官の制服の腹はみるも無残に出ている（!!）のである。いやしくも、帝国海軍の第一線に立って戦う士官の中で、将官の一部なら兎も角、こんな長髪姿の士官連中も腹のでっぷりと出た士官連中も、決してみられなかったであろう。

恐らくそれは、新東宝の〝お家の事情〟に因るのだと思う。そうである。役者達は、この阿部組の『戰艦大和』許りに関ってはおれないのだ。『戰艦大和』が公開された昭和二十八年当時は、映画は日本人の娯楽の王者で、各映画会社は次々と所謂プログラムピクチャーを作り、切れ目のない様に系列館に配給して行かなければならない。

この戦争映画の為だけに丸坊主になる事は出来ない。数週間後には全く違うキャラクターを演じなければならないかも。特に主演・準主演級の役者は……。主演の船橋元は判らなかったのだが、同僚達から大阪のボンボンと揶揄されている高島忠夫などは、この映画の前年デビューしていて、当時は関西学院大在学の儘であった。新東宝時代の高島は、特にデビューしたての頃は、便利に使われ過ぎた感がある。新東宝と言う映画会社はこの時代の直後、エロ・グロ路線へと急速に舵を切る。尤も、昭和三十二年及び三十四年と、あの大ヒットした大傑作（!?）『明治天皇と日露戦争』、『明治大帝と乃木将軍』を作っているのだが……。

アラカンの明治天皇は幼心にもカッコよかったのは、今でもはっきり覚えている。まあ、今惟るに、大芝居・大怪演と言う可きなのかも……。アラカン、即ち嵐寛寿郎の代表作と言えば、これはもう誰でも『鞍馬天狗』シリーズか『右門捕物帖』シリーズを上げるであろうが、私はそれらの作品群は余り好きではなく、最も好きなのは矢張り健サンの『網走番外地』シリーズで主人公橘真一の絶対の危機を何時も救う、――八人殺しの鬼虎のオヤッサン――のクサイ大芝居（!?）が絶対によい（八人も殺しても死刑にならない所が、アラカンのアラカンたる所以か……）大スターアラカンは、常にアラカンなのである――。明治天皇を演じたのはアラカンであるが、その妃である美子皇后を演じた高倉みゆきと言う女優などは、――女優を妾にした――とマスコミや世間から指弾されると、当の本人の新東宝社長大蔵貢は、抜け抜けと――妾を女優にした――と嘯いたといわれている（けだし名言!?）

閑話休題――。『戦艦大和』に戻す。毎日の日課である副長の巡検も無事終り、艦内のスピーカーからは――煙草盆、出せ――の声が流れる。乗員一同がほっとする時間で、就寝までの間、当直の者以外は原則として自由時間である。ガンルームに詰める中・少尉達の多くは予備学生出身の為か、戦争も刻一刻と最悪化して行く時期とは言え、若さに任せたたわいない話が無邪気に飛び交う。不思議な事に、若さとはことの東西を問わず、古来からそうしたものである。が、ここにいる皆全員己達が今置かれた現状に、内心、真摯かつ深刻に対峙している。否、何とか否定し様と思っても対峙せざるを得ないのだ。

話題は何時しか、戦争とは、大義とは、祖国とはとなって行き、米国生まれの二世で弟達は米陸軍に入隊して欧州戦線で戦い、自分は慶応大学に留学していて学徒兵として大和乗艦の士官になった中谷少尉（和田孝）に、仲間である筈の兵学校出の士官から辛辣極まる声が飛ぶ。お互い、――戦争――に就いて深く悩んでいるのである。この二世の少尉に救いの手を伸べたのは、誰あろう、皆一同から大阪のボンボンと揶揄され、それでも大阪弁が抜け切らない高島忠夫演じる資産家育ちの彼の高田少尉であった。

二世である米国生まれの中谷少尉は、敵米軍の無線傍受の翻訳に最適で常に頑張っており、自分も皆からはボンボンとからかわれているが、人は自分から生まれて来る所は選べないと言うのである。二世少尉は己の持場である無線室を最後まで離れず翻訳をし続け、大きく傾斜して断末魔の悲鳴を上げている大和の浸水する無線室で水死し、大阪のボンボン少尉は艦橋付近の対空機銃座群の指揮官として、雲霞の如く襲い来る米戦闘機の機銃掃射でその身を射抜かれて戦死。戦争とは、その人物の個的事情など一切斟酌などしないのである――。

もう一人注目す可き人物がいる。士官次室の長を勤める、歴とした海軍兵学校出の正規士官臼淵磐大尉である。ある意味（うんっ、辞めた総理か……。この男の口癖。私も原稿の接ぎ穂に困ると、ついついこの字句を使って仕舞う……）、この映画の主人公なのである。主役の吉田少尉や第二艦隊司令長官伊藤整一中将（高田稔）や大和艦長有賀幸作大佐（佐々木孝丸）よりも……。敢えて、此処ではその理由を書かない。駄文の後半に記す。臼淵大尉はともすると、学徒兵上りと兵学校出に分かれて論争し様とする彼らに、諄々と教え諭す様に語りかけ、――自分達が一心に戦い抜いて死し、銃後の生き残った日本人達に後は任そう――と説得する。

このシーンはある意味（うん。又しても――）、実に重要なシーンであり、この映画の前半の見せ場であるのだが、劇的緊張に頗る乏しく、臼淵大尉を演じる伊沢一郎も他の出演者達も全く弛緩している。第一、伊沢は全く臼淵大尉その人らしくないのだ。私は三十数年前から臼淵磐大尉を〝知っている〟のだ――。そして主人公の吉田満少尉も……。昭和二十年四月六日午後三時二十分、伊藤整一司令長官は大和を旗艦とする隷下の第二艦隊に出撃を命じた。折しも三田尻沖上空は、彼らの行く末を暗示するかの様な暗雲が低く垂れ込めていた……。

その夕方、――酒保、開け――の艦内放送が流れ、最後となる無礼講の宴会が始まった。各分隊の持場に分れ、士官、下士官、水兵の別なく、皆全員が飲み騒ぐのである。酒保とは、軍艦にある酒や食料品や日常品の販売所の事である。艦長や副長などの高級士官は艦内を一巡し、士官・兵達の別なく指しつ指されつして過ごす。第二艦隊出撃す――。ここからは、――日本の戦争映画の悲しみ――が始まって仕舞う。日本は大東亜戦争に完全に負け、帝国陸軍も帝国海軍も全き解体した（或いは、解体させられた）。

因って、嘗てその堂々の威容を誇っていた我が国の猛き艨艟（軍船の事）は影も形もなく、総て占領軍の絶対の命令で解体処理されて仕舞った。であるから、如何したって当時の軍艦を描くならミニチュア模型に必然的にならざるを得ず、それを撮影用プールに浮かべ、ちまちまとそれらしく撮る事しか出来ないのだ。それは今でも基本的には何ら変りない。事の善悪を問わず、——戦争に負ける事——とは、その様な事なのである。これが戦勝国、米国の戦争映画との大きな違いだ。唯、今では私の余り好きでない精密なCGと言う手もあるが……。世界最大の戦艦も、ミニチュア模型では重量感も質感も大きさも出ない。

第二艦隊は米空母艦載機に直ぐに捕捉され、殊に輪型陣の中心の巨艦大和には、多くの艦爆機・艦攻機・戦闘機の攻撃が大挙して群がり、その鋼鉄の浮かべる城は時間の経過と共に各所で多大の被害が相次ぐ。吹き飛ぶ各所。唸りながら落下して来る爆弾。飛び跳ねる銃弾。艦上到る所に転がる血塗れの兵士の四肢。全艦地獄図の阿鼻叫喚。

伊藤司令長官は艦橋にあって艦隊全体を指揮し、有賀艦長はその直ぐ上の戦闘指揮所で避弾・魚雷回避等の操艦全般の指揮を執り、更に、能村副長は応急指揮所で被害を受けた箇所の回復を次々と命じている。副電測士（レーダー士官）として大和に乗艦した吉田少尉は、その日の任務は電測室ではなく、艦橋の哨戒直士官を命ぜられた。そこは紛れもなく伊藤司令長官以下の艦隊幹部のいる所であり、彼は正に、その一部始終をその目その耳その皮膚で目撃するのである。

当日の艦橋での哨戒直が、学徒兵吉田少尉の運命を——大きく変えた——のである。そしてその変えられた運命を、考えられない幸運が奇跡的に重なって生き延び、それが又、彼の運命を——更に大きく変えた——のである。

私はこの『戰艦大和』と言う昭和二十八年度製作の新東宝映画の、監督や脚本のスタッフ更には船橋元や藤田進や高島忠夫などのキャストを書いた。だが一つ、わざとこの映画の原作者の名前を書かなかった。それには理由がある。そしてそれは、この映画の存在を三十数年前から知っていて、気にはなっていたのだが、『戰艦大和』を絶えてみなかった理由でもあった。何故なら当の原作者本人が、この映画を余り気に入っていないのを、遥か以前から知っていたのであるから。原作者の名前は吉田満。そうである。船橋元演じるあの吉田満学徒少尉である。

映画は、彼の創元社版『戰艦大和の最期』が使われている。『戰艦大和の最期』――。私が最も感動した戦記文学。そして恐らく、戦後書かれたものの中で、最高最大の戦記文学。『わがいのち月明に燃ゆ』(林尹夫・著)と共に。私にとって、この学徒兵少尉の残した二冊の本は、その理知極まる――内観――の凄さに於いて、真に驚嘆に価した二冊であった。

『わがいのち月明に燃ゆ』は、本論と直接の関係はないので後に簡単に述べる事にするが、『戰艦大和の最期』及びその著者の吉田満に就いては、是非にも記して置かねば、私が何故この映画自体を全くダメと書くのかが判らないであろう。吉田満は大正十二年東京に生まれている。私事であるが、奇しくも今年亡くなった愚母と同じ生まれである。正に――戦中派――なのである。旧制府立四中から旧制私立東京高等学校、更には、東京帝国大学法学部に進み、あの昭和十八年の学徒動員で海軍兵科第四期予備学生となる。

そして海軍電測学校に学んで少尉に任官。大和に乗組みを命ぜられた時は若干二十二歳。沖縄特攻、大和撃沈、有り得可からず幸運に幸運が重なり、奇しくも生還。大日本帝国敗戦。吉田満その直後、手記としてこの『戰艦大和の最期』を書いた。片仮名混じりの文語体のこの手記は、信じられない程驚いたが、ほぼ一日余りで書き上げられたのであった。それからこの傑作文学が世に出る

までの様々な困難は、優に一冊の本になる程の難渋を極めた。(実際、その経緯を詳細に論考した著作物もある)

私に与えられた紙幅は尽き様としている為、それらの困難をいちいち詳細に書く事は出来ない。占領軍、詰り米軍の検閲、更にはある種の人々は、――戦争肯定の軍国精神の鼓舞の小説――と厳しく断じた。が、驚く程多くの有名文士・高名評論家が、敢然とこの作品を支持して擁護した。その全員はとても書き切れないが、兎も角、私の注目した人物を書き出してみる。評論家では小林秀雄、白洲次郎、江藤淳、川上徹太郎、そして鶴見俊輔、文士では吉川英治、阿川弘之、島尾敏雄、三島由紀夫、そして梅崎春生。彼らは哲学も思想も大きく違う。特に、小林秀雄と鶴見俊輔では……。更に、三島由紀夫と梅崎春生では……。彼らの内、梅崎と三島の『戰艦大和の最期』に就いて一文の一部を書き出して置く。

梅崎春生の一文

この手記から、私は戦争の惨禍と非人間性を強く感じ、また巨大な死の柩の中にすら、人間性は滅びるものではないといふことを強く感じた。

そして三島由紀夫の一文

いかなる盲信にもせよ、原始的信仰にもせよ、戰艦大和は、據つて以て人が死に得るところの一個の古い徳目、一個の偉大な道徳的規範の象徴である。その滅亡は、一つの信仰の死である。この死を前に、戰士たちは生の平等な條件と完全な規範の秩序の中に置かれ、かれらの青春ははからずも「絶對」に直面する。この美しさは否定しえない。ある世代は別なものの中にこれを求めたが、作者の世代は戰爭の中にそれを求めただけの相違である。

三島由紀夫は、日本銀行に入ってニューヨーク支店に駐在していた当時の吉田満に、米国旅行の途次わざわざ会い、半ば冗談半ば本気で次の様な事を言った。――吉田さんがプロの作家にならなくてよかった――、と。吉田満は多くの手記や記録類を残したが、日銀マンの儘過ごし、後世プロの作家にはならなかった。私は奇しくも彼が副電測士として大和に乗り込んだと同じ二十二歳の時にこの本を読んだ。唯々、驚嘆した。同じ二十二歳とは言え、何たる違い――。己に深く恥じ入った。

それ以後、吉田満の著作を多く読んだ。『鎮魂戦艦大和』、『散華の世代から』、『戦中派の死生観』、『ドキュメント戦艦大和』。それら何れの著作にも、その――極めて理知的に戦争に迫る事――に驚嘆した。吉田満は、私が心を痛く動かされた『わがいのち月明に燃ゆ』にも、深く感動した旨をその著作の中で記している。著者の林尹夫学徒少尉は吉田満よりも一歳上であり、旧制第三高等学校、京都帝国大学文学部に学び、同じく学徒動員されて飛行兵となり、四国沖上空で米国軍機に撃墜され戦死している。

彼の戦死後、戦後も暫く経って、兄の手で纏められた手記類が『わがいのち月明に燃ゆ』である。大東亜戦争で辛くも生き残った吉田満も、無念にも四国沖にて戦死した林尹夫も、正に、吉田が言う所の――散華の世代――なのである。そして無慮数十万、数百万の累々たる死、死、死……。鬼哭啾々（きこくしゅうしゅう）たる我が日本――。我々は彼らの――死――の上に、今の安逸(人に因っては怠惰、か……)を貪っている。とまれ――。『戰艦大和の最期』である。『戰艦大和』の中で伊沢一郎が演じ、私がある意味この映画の主人公と書いた男、臼淵磐大尉の事である。

原作者の吉田満も臼淵大尉の印象がよほど強烈だったのか、この海軍兵学校出の正規士官の事を好感を持って描いている。士官次室の長でもある臼淵大尉は、そこに屯(たむろ)する中・少尉達に次の様に言ったと記す。

「進歩ノナイ者ハ決シテ勝タナイ　負ケテ目ザメルコトガ最上ノ道ダ

日本ハ進歩トイフコトヲ輕ンジ過ギタ　私的ナ潔癖ヤ徳義ニコダワツテ、眞ノ進歩ヲ忘レテヰタ　敗レテ目覚メル、ソレ以外ニドウシテ日本ガ救ハレルカ　今目覚メズシテイツ救ハレルカ

俺タチハソノ先導ニナルノダ　日本ノ新生ニサキガケテ散ル　マサニ本望ヂャナイカ」

吉田はこの『戰艦大和の最期』とは別に、『臼淵大尉の場合』と題された興味深い長いエッセーがある。更には吉田の著作で臼淵大尉の事を知ったのであろうが、長谷川卓と言う作家は、『死ニ方用意　小説臼淵大尉』と題した小説を書いている。因みに、平成十七年に公開された『男たちの大和』(監督・佐藤純彌、原作・辺見じゅん）では、この臼淵大尉を長嶋一茂(!!)が演じている。全く合わない……。

『戰艦大和の最期』は世に出るまで大変な紆余曲折があった。その為、八通りの異本がある。口語体のもの、一部がカットされたものなどなど。私は絶対、片仮名使い文語体のものがよいと思う。これこそが、『戰艦大和の最期』の決定版である。然る事情から再びみたび、この『戰艦大和の最期』を読まなければならない事になり、私はずっとみる事を躊躇っていた『戰艦大和』もこの際思い切って見る事を決断した。他には常に穏やかに接し、非難がましい言動など決してみせない吉田満が、

控え目ながらこの映画に対して必ずしも好感を持っていない事を彼の著作で知った時から、私はこの『戰艦大和』をみない事を決心していたのだった。何故か、『戰艦大和』をみる事は、彼を――裏切る様な気持ち――を抱いていたのだ。だが、みない事には批評出来ない。私は決心した……。

『戰艦大和の最期』（創元社版である）を原作とした『戰艦大和』と言う映画は、何を勘違いしたのか――全くの戦争映画――として描こうとしている。それも下手くそ極まりない。吉田満学徒少尉の手になるこの原作は、極めて苛烈で正視出来ない程の残酷な描写が随所に出て来るし、人間の根源に属する様な他者に対する残忍な所行も赤裸々に書かれ、更には、四肢捥がれて鮮血の海の滑りの中で四散する士官・兵達のありの儘を記す。顰蹙を買う事を承知で書かば、これ程戦争映画に適する原作は又とないであろう。

　それであっても、決して戦争映画にはならない。否、単なる戦争映画にしてはならない。更に言わば、――反戦映画――にも、――好戦映画――にもしてはいけない。殊に、在り来りの安易な反戦映画だけは。戦後、日本では反戦と言えば平和であり、――反戦――と――平和――とは、殆ど同意語になった感がある。私もそれを認めるのは吝かではないし、第一義的は全き正しい。が、ある種の日本人達は、そこで、――思考停止――に陥って仕舞っている。誰にも反対出来ない事を絶対の正義として声高に絶叫し、己の絶対正義を何の疑問もなく主張する……。非難と誤解を承知で書かば、私はそれらに与したくない。

　考える事である。徹底的に思考し抜く事である。そこにこそ本当の正義はないものと考える。恐れずに記せば、今日本を襲っているアンニュイ漂う何とも言えない頽廃感は、戦後、日本を日本たらしめていた何かを捨て去った事に起因している。戦後六十五年、今、その大きなツケが来ている。再びとまれ。

『戰艦大和の最期』と言う作品は、一個人では、如何ともし難い国権の発動の最たるものである絶対の暴力――戦争――に、極めて頭脳明晰で理知的合理的思考回路を持ち、然も、感受性が人一倍勝れて心優しい二十を幾つも超えない青年が、想像を絶する懊悩の末――己の運命(さだめ)――をある種の諦観(たいかん)（飽く迄諦観(ていかん)ではなくして、仏教としてのそれ）の内に悟り、不合理極まる戦(いくさ)の庭で死のうとする――神話――そのものである。

清澄なる残酷さに溢れた聖なる神話。それぞれの民族なり国家なりの集団が必然として内包している神話には、常としてその清澄なる残酷さが全編に渡って横溢しており、そしてその悲戯性故、同胞(はらから)の紐帯が断固として維持され続け、更に又、その無限の連鎖の内に民族なり国家なりの連綿が堅持されるのである。神話とはその悲戯性故に因ってのみ、絶対的な存在意味を持つものなのだ。

私は、それを主題としたならば、否、正確に記せばそれのみを主題としたならば、今現在或いは今以降、思想的には奈辺に位置してい様が、表現的には全く未熟な新人であっても既に名を為した名匠・巨匠であっても、吉田満が書かざるを得なかった『戰艦大和の最期』の真なる姿を描き出して呉れるのであれば、縦(よ)しやその結果として作品が、私の嫌いな独り善がりな左翼的――反戦映画――になったとしても、はた又、大多数の人々から顰蹙(ひんしゅく)を買う――好戦映画になったとしても、一向に構わないので吉田のこの傑作文学を是非にも再映画化して欲しいと願っている。

偶然の偶然が彼を助けた。である故、己が許せなかったのである。吉田満は『戰艦大和の最期』を、次の様な文で締め括っている。

徳之島ノ西方二十浬ノ洋上、「大和」轟沈シテ巨體四裂ス　水深四百三十米

今ナオ埋没スル三千ノ骸(ムクロ)

彼ラ終焉ノ胸中果シテ如何

吉田満は昭和五十四年九月十七日、五十六歳で永眠した。彼は日本銀行の監事（一般で言えば重役）にまでなったが、一生──語部(かたりべ)──であった。戦艦大和轟沈の。否、戦争そのものの──。私が何よりもダメな映画『戰艦大和』──、と書いた理由がお判り頂けたであろうか？

（２０１０年９月）

限りなき大胆さと臆病な程の繊細さの間（あわい）の中で

『仁義なき戦い　広島死闘篇』『日本暗殺秘録』

　それは、デジャビュであった。すなわち、既視感（きしかん）。一度として経験したことがないのに、かつて、経験したことがあるかのように感じることである。建物の大方は大きく崩壊して無残な瓦礫と化し、そこにあったであろう草木は、根こそぎ流されて至るところに散乱している。

　ヘリコプターから撮られたであろうその荒涼たる光景は、どこまでもどこまでも続くかのように延々とながれていく。――東日本大震災――のテレビから流れた映像である。それは巧まずして、米戦略爆撃機Ｂ29によって絨毯爆撃され、焦土と化した日本の多数の都市を思わせた。戦後生まれの私に、もちろん、そんな体験などないし、現実にその焦土など一度も見てはいない。

　あまりに悲惨極まりなき大震災の空からの映像が、実際に見てもいない、米軍に爆撃されて焼野が原となり果てた戦後すぐの日本の都市の風景に大きく重なり、私をして思わずデジャビュをおこさせたのである。戦後すぐのフィルム映像。ことに、日本では当時手に入れることのできないカラーフィルムで空撮された鮮烈なる映像は、極めて強烈に眼に残っていて、それを見たのは敗戦から二十年以上経っていたからであろうが、さすがに年を重ねてカラーバランスは大きく崩れて赤茶けた色に退色し、その粒状性は極めて悪く、何とも不快なざらつき感を来していたが、それがかえって真に迫りくる妙な臨場感を与えていた。占領軍たる米軍が撮った、焦土と化した日本の空撮カラー映像。

私が、各テレビ局で長い時間に渡って流された大震災直後の空撮映像に、米軍撮影の敗戦直後の焦土化したカラー映像を思わずダブらせたのも、自己弁護的に記すことを許してもらえば一理はあると思っている……。言論空間では、ことに、日本国の現状を憂える保守系の月刊誌では、今度の大震災や大津波や原発事故を――国難――（総理も違う意味で言っているが……）と捕え、さらには、――戦争――でもあるとの言説が見受けられる。私も多くの点で、そのように思う。まさに、――戦争――なのである。

日本以外のあらゆる国でこのような事態になれば、国家の指導者たる人物は、間違いなく〔非常事態宣言〕を発しているだろうし、おそらく、独裁国家においてはその大多数が〔戒厳令〕を敷くであろう。何も、戒厳令が良いと言っているのではない。一国の安危を握る指導者（日本の場合は、とりもなおさず総理大臣）たる者、国家存亡の機にはその決意のほどをすべての国民に真摯に告げ、国民をしていやでも奮い立たせなければならない。指導者のごく短い言説で、衰亡や滅亡の累卵の危機から救われた事例は、古来から洋の東西を問わず枚挙に遑がない。

ところが、我ら日本国民が命運を託すべき市民運動家あがりのこの首相は、ただただ、ポピュリズムの極みを己の確たる政治信条となし、党内（この政党の議員連中も、大半はポピュリストそのもの）の摩訶不思議な政治力学で、たまたまその座についたにすぎないのである。戦後、ほぼ一貫して政権の座を独占してきた、政党のあまりの金権体質と腐敗体質とに、有権者すなわち国民は大いに怒り、思想も政治信条も全く異質の寄せ集め集団である、このポピュリズム政党に政権を与えたのだが、何のことはない、その当の国民の多くも、戦後六十年以上を経るうちに、しだいしだいのうちにポピュリズムの姦計の甘味さに嵌り込み、今やそのポピュリズムの発する腐臭すらも、全き良き薫かのように感じる驚くほどの愚民と化し、その結果として、「生活が一番」などいう言わずもがなの戯言を、一筋の恥じらいもなく声高に叫ぶ輩の集団に政権を与えたのだ。

大東亜戦争敗戦（決して終戦ではない。日本は敗れ去ったのである）、そして戦後。大方の顰蹙と限りなき誤解を承知の上で記せば、古今東西、戦争に敗るるのは――時の運――であるのだから詮なきことなのだが、問題は――敗れし後――にこそあるのだ。嘘だと思うのであれば、各国の通史をざっと流し読みするだけでよいから、まず読むことを奨める。大東亜戦争に敗れて六十有余年、あの時の占領国（主に米国なのだが）との何とも言えない決着のつけ方が、あの「日本国憲法」を含む新たなる出発の曖昧さが、今や醜悪なる怪物にまで大きく成長してしまったポピュリズムの萌芽を見る。

戦勝国の占領中ならば、それも致し方なかったであろうが、昭和二十七年、サンフランシスコ講和条約によって独立を回復した時、たとえどんなに〝危険〟であろうとも、真の独立――こそを考えるべきであったのだ。とまれ。本論とは直接関係ないことを書き過ぎた。私が言いたいことは、今や敢然として、――戦後のオトシマエ――をつけるべしと言いたいのだ。

『日本の悪霊』（監督・黒木和雄、原作・高橋和巳）で佐藤慶が演じたヤクザの名台詞、「オトシマエに時効はねえっ」であり、さらには、三島由紀夫の『英霊の聲』の有名な最後のリフレインから寸借詐欺（!?）をさせてもらえば、「などて日本国憲法は不磨の大典となりたまいし」となるのだが……。（『英霊の聲』の有名な繰り返しは、「などてすめろぎは人となりたまいし」である）三島は「人間宣言」をした昭和天皇に、嫌悪感を覚えていたのだ。

私は必ずしも三島のような天皇観には同意しないのだが、今や、――戦前からの父祖の遺訓を忘却して食い潰してしまった――といってよいし、誤解を恐れずに書けば、日本はたった一度の敗戦で他国では考えられない異常な様変わりを見せ、而して、その結果としての現在、醜怪なるポピュリズムの極みへと浮遊して漂っている。果して、あの――戦後――とは、何であったのか？　今次の東日本大震災を戦争と捕らえるのならば、今はまさしく戦後である。――第二の戦後――。

濃密に瀰漫（びまん）して腐臭すら放つこのポピュリズムに、果して第二の戦後は、いかなる様相を呈することになるのだろうか？　少々長くなったが、大震災のごくごく個人的な感慨を書いた。が、私がこれから記そうとする人物なら、恐らく、こんな啖呵を切るであろう。

「やかましいっ――。そがなかばちたれおって、おどれなんぼのもんじゃい、おおっ」と。

異常な様変りを見せた戦後を、ある意味、それとの完全な添い寝を見せて甘い汁を貪り、そしてある意味、それとの絶対的な抵抗でもって諍（あらが）い、実に鮮烈極まりなき生き様を刻みつけた男の話である。さらにはその男の生き様とは全く違い、戦前の極めて閉塞状況の中で、一閃の煌きに生死を賭けた男の話も書きたい。いや、正確にはその男を演じた役者である。さらには、それを造形せしめた男達をもだ。

「村岡が持っとるホテルは何を売っちょるの。淫売じゃないのっ。言うならアレらはオメコの汁でメシ食うちょるんどっ」

その驚嘆すべき台詞がその男の口から吐かれた時、正直、飛び上がらんばかりに驚いて腰が浮き、映画館の闇の中の軽いさんざめきを見回したい衝動に駆られた。が、次の瞬間には、濃密なる濡場が延々と続く官能小説（たとえば千草忠夫師のような）を読んでいる時のような、ぞくぞくする妖艶なるエロ感を感じていた。

嗚呼、何たる台詞――。日本映画史上初めて（おそらく）、方言とはいえ女性生殖器の名が発せられた瞬間であった。それはオメコという関西から中国地方で一般に称されている言葉である故、かえって強烈なインパクトを持って迫り、赤面するような恥ずかしさとおろおろするほどの衝撃を与えていた。時に昭和四十八年四月。決して短くはない日本映画史において、ついに、この驚愕すべき破天荒なる台詞が吐かれたのであった。ブルーフィルムならいざ知らず、〔映倫〕のお墨付きの一般公開映画では初めてであろう。

その記念碑的映画こそ、彼の『仁義なき戦い　広島死闘篇』。吐いたのは――狂犬の大友勝利――。正確にはその狂犬のカットンを演じた、千葉真一という役者。『仁義なき戦い』シリーズについては、その公開から四十年近くが経ち、その間にありとあらゆる観点から様々に語られ、それ故、私ごときが論じてみても、今さら、新たなる展開が出てくるはずもない。多くの評論家達が、それこそマニアックなまでの著作をものしている。

四十年近くも経て、今さら、『仁義なき戦い』でもないだろう……。近くの若者にも聞いたのだが、その題名は知っていても、見たことがない人も多かった。当り前だ。四十年は長いのだ。その『仁義なき戦い』を、先にも記したあの大震災が、私に強烈な形でそれを思い出させた。テレビなどからだけでなく、活字メディアからも情報を得たかったのだ。テレビが伝える大震災の情報は極めて平板で、言わば、良い意味でも悪い意味でも〝イベント化〟してしまう。私はその醜怪さに耐えられなくなっていた。

硬軟取り混ぜて多くの月刊誌・週刊誌を買い漁った。その中に、近年は全く読まなくなった彼の

『週刊アサヒ芸能』があった。『アサ芸』――。全き若い頃、この何とも胡散臭い週刊誌の大ファンであったのだ。風俗情報の諸々はともかく、ヤクザ世界、政界、スポーツ界、芸能界、あるいはギャンブルなどなど、その何もかもどこか怪しげでにわかに信じ難く、情報源の不確かさやネタそのものが眉唾ものが多くて、私は密かに、〈週刊誌の『東京スポーツ』〉（!?）と名付けて愛読していた。

（週刊誌とはそうであるべきで、『アサ芸』はまさに王道を行っているのだ……）

その『アサ芸』の5・5－5・12ＧＷ合併特大号を、コンビニでパラパラ捲っていると、震災以外の驚きの記事が目に飛び込んできた。――激白「仁義なき戦い」38年目の真実　第1回　千葉真一――と、題された都合四ページの記事。衝撃――。「あのカットシだっ」。内心、叫んでいた。担当者が新連載の一回目に、大友勝利を演じた千葉真一を選んだのは、日本映画史上に残る名台詞（!?）を吐いたためであろうと推測しているのだが……。果して、出だしですぐ、そのことが書かれている。その部分を記事から引用する。

> 父であり、広島の古参テキ屋である大友連合会会長・大友長次（加藤嘉）は、息子の勝利（かつとし）を厳しく諭す。勝利が広島最大の組織である村岡組の競輪場利権に目をつけたからだ。そしてここから、邦画史に残る「跳ねたセリフ」を一気にまくしたてる。
> 〈何がバクチ打ちや、おお。村岡が持っとるホテルは何を売っちょるの。淫売じゃないの。言うならアレらはオメコの汁でメシ食うちょるんど！〉
> 破天荒なセリフを吐くのは、誰あろう千葉真一（72）＝現在はＪＪサニー千葉＝だ。

「言うならアレらはオメコの汁でメシ食うちょるんど！」とは、言いも言ったりであり、さらには、書きも書いたり、演らせも演らせたりである。千葉真一、笠原和夫、深作欣二の諸子、いや諸士と呼ぶべきであろうか、とにかく、彼ら、錚々たる日本映画のサムライ達の、この台詞のインパクトたるや、まさに、日本映画史上で未曾有のことであり、永遠に伝説としても記録されるべきであるとさえ思えてくる。

私事に渡ったことで恐縮なのだが、この映画が公開されて十年以上後、私は然るエロ月刊誌に毎号読切りの官能小説、いや、エロ小説と言ったほうがぴったりするでっちあげ話、つまり、その手の露骨なえげつないエロ話を書いていた。『仁義なき戦い　広島死闘篇』公開から十年以上は十分に経っていたが、私は一度として、——オメコ——とも——オマンコ——とも書かなかったし、いや、正確には書けなかったと言った方が良い。それは同誌の作者達も同じらしく、その部分の表現をオ××コと一部を伏せ字にしたり、花園とか肉壺（!!）とかクレバスとかの、容易に判る陳腐な暗喩を使っていた。

昔のことなのであまり詳しくは覚えていないのだが、編集部からはそのことに何らの注文も注意も受けた覚えはなく、作者達が自然とそのようにしていたのであろう。ちなみに、現在はダイレクトな表現は許されているらしく、本屋でそんな本類の並ぶ一角で調べてみたら、多くのエロ本に直接的な言葉を確認したし、さらには、〔セル専門のアダルトビデオ・ＤＶＤ〕では、完全に解禁されているらしい。

私は全く詳しくはないのだが、第一、インターネットの世界ではアダルトサイトはある種の危険水域に達しており、それらは憂うる識者達からは、〔性の道徳性〕や〔性の深遠性〕や〔性の聖性〕などなどといった、根源的な問いが投げられている。話を元に戻す。あの恐るべしカットン——。

もちろん、彼、大友勝利はこの一篇の主人公ではない。さらには、全シリーズの主人公である、菅原文太扮する広能昌三も脇にしか過ぎない。

まさしく、この『広島死闘篇』の主人公は、〔広島ヤクザの典型〕（最後のナレーションより）として、その名が語り継がれている山中正治（北大路欣也）であって、勝利はあくまで、山中の引き立て役に過ぎない。山中正治が〔静かな殺人者〕であるとすれば、我らのカットンは〔躁なる殺人者〕であり、その尋常ならざる異常な行状の凄まじさは、私の拙い文章力ではとても表現しようがない。千葉真一はその行状の凄まじさを見事なまでに演じ切り、『仁義なき戦い』シリーズに登場したヤクザを演じた他の役者達より、一頭地を抜く抜群の印象を刻みつけた。

先に書いたように『仁義なき戦い』シリーズにおいては、今まで様々な著作が出されている。私もそれらの本などを少しは読んでいて多少は知っているのだが、今度、この『アサ芸』の連載で初めて知ったことや確認したことなど、実に面白くて興味は尽きなかったのである。

あのシリーズが公開されてから早四十年近くが経ったのだが、『仁義なき戦い』を凌駕するこの手の映画は今もって出現していない。おそらく、今後も……。あのシリーズは、いわゆる〔東映任侠映画〕のアンチテーゼとして出現した。「のらぁつくモンに義理も人情もそげなもんあると思とるのっ。おおっ」、という訳である。監督の深作欣二は東映任侠映画全盛の頃から、そんな作品を多く作り続けていたので、然もありなんとすぐに納得するのであるが、注目に価するのは脚本を書いた笠原和夫である。東映任侠映画の最高傑作、彼の伝説の名作『博奕打ち　総長賭博』（監督・山下耕作）の脚本を書いた人物である。

〝運命の逃れざる絶対性〟からは、何人も決して解き放たれることはなく、かくて、鶴田浩二の匕首（あいくち）は当然の必然とした金子信雄の肺腑を抉る。微塵の隙もない完璧性。『博奕打ち　総長賭博』なる作品は、数多く作られた東映任侠映画の中の最高傑作なのだが、よくよく考えてみれば、〔仁義の誠」を必死で守ろうとした鶴田が、元々本来的になかった仁義によって人殺しになるということである。あえて言わば、鶴田はありもしない仁義を頑ななまでに信じた。あるいは、信じることでしか生きる術がなかった。である故、彼は最後にこう叫ぶのである。「任侠道か……そんなものは俺にはねえ……俺は、ただのケチな人殺しなんだ……そう思ってくれ、叔父貴……」何のことはない、まさしくこれは、〝仁義なき戦い〟なのではないか……。実に恐るべし笠原和夫――。

台詞などで大友勝利の大まかな塑像を拵えたのは笠原和夫であろうが、それに強烈なる陰影を与えてさらに掻き混ぜて混乱させ、唖然たるキャラクターを造形せしめたのは深作欣二であったろう。とにかく、異様な風体なのである。可愛いリボンを巻き付けたよれよれのファンキーハットをだらしなくかぶり、形は彼のマッカーサー元帥がかけていたと同じレイバン形のサングラスであるのだが、見るからに安いまがいものをこれ見よがしにかけ、皮ジャケットの下は赤が基調の趣味の悪い派手なシャツ、ズボンの上からは常にぽりぽりと股間を掻き捲っている。

なぜなら、梅毒持ちだからだ。片手には相手を威嚇するための木刀。公開時に映画館で見た時の驚きは、今もって忘れられない。「これが、あの南無妙法蓮華経の千葉真一か!!」、であった。愚論の後半にその訳を書く。『仁義なき戦い　広島死闘篇』――。今さら、有名過ぎるほど有名なこの映画の粗筋などは書かないが、おそらく、そんなことを書いても大した意味はないのだし、第一、私には要領よくまとめ切れない。ともかく、『仁義なき戦い』と命名されているのだから、一応、敵は敵であり味方は味方であるのだが、往々にして、明日になればその味方が敵になり、結果として、敵が味方になってしまうことだってあるのだ。打算と利害でしか動かないのだから。

それ故、人物関係は実に入り組んでいて複雑なのだが、この映画シリーズを面白く見るためには、基本的にそんなことは関係ない。登場人物の強烈なキャラクターを楽しめば、この一連の映画は大変面白いのだ。

『アサ芸』の連載で初めて知ったことを記す。千葉の語ったところによると、例のファンキーハットを用意したのは千葉であったが、それにリボンを巻くことを提案したのは深作欣二であったらしい。さらに、深作監督は役者千葉真一にこう尋ねた。「金玉を掻けるか?」。何しろ、大友勝利は梅毒持ちなのだから。千葉はこう答えた。「役者にこれできるかって聞くの失礼ですよ」。

千葉は深作の望みどおりに、股間を掻き捲った。その記事によると監督は千葉の演技に大いに喜んだ。さて、肝心の私を驚愕せしめた「オメコの汁」の話だが、さすがの千葉も躊躇いがあったのか、監督の深作にこう尋ねた。再び記事を引用する。


「この『オメコの汁で』っていうセリフ、言っていいんですか?」

「おうっ、遠慮するな!」

千葉の中で何かが吹っ切れた。大友というシリーズ屈指の凶暴キャラに対し、一体感が生まれた。それは伝説となった以下のセリフに反映される。

〈のお、おやっさん。テキ屋言うてもバクチ打ち言うても、うまいもん食うてよ、マブいスケ抱くために生まれてきとるじゃないの。それもゼニがなきゃ出来やあせんので。ゼニに身を張って何悪いの!〉

父・長次は最後通牒を叩きつける。

〈村岡にケンカ売って勝てる思うとるんか!〉

〈やかましい! おどれら村岡ゆうたらチビリやがって。あいつらの風下に立ってよ、センズリ

かいて仁義で首くくっとれい言うんか。おお？　広島にヤクザは2つもいりゃせんのじゃ〉

　再び書く。脚本家、監督、役者、やはり皆サムライ達である。希代の名台詞であり、また、最高の迷台詞でもある。『仁義なき戦い』シリーズに出演している役者達は、シリーズ全体の主人公である菅原文太はもちろん、それぞれの篇で様々な異様なキャラクターを演じ、多大の名台詞や迷台詞を吐き続けた脇役達、さらには、タイトルに名前も出てないし台詞も一言もなく、画面に果して映っていたかいないか定かには判らない名もなき役者達に至るまで、総てが見事なサムライ達であった。その度肝を抜く台詞のいちいちを書き出したい誘惑に駆られるのだが、そんなことをしたならば私に与えられた紙幅はたちまち尽きてしまうのでやめるが、それほど、笠原和夫の作ったそれらは凄まじく、また、それを自由に演らせた深作欣二の度外れた度量の広さ、さらに言わば、その意気に感じて端役の端役達はおろか、死人としてその場に死んでいるだけの役者達までもが、いかに目立って見える死体になろうと演技するのである。

　そのような諸々の中でも、千葉扮するカットンの、「言うならアレらはオメコの汁でメシ食うちょるんど！」は、全き白眉であった。ところで、シリーズ最終作『仁義なき戦い　完結篇』では、この大友勝利役を宍戸錠が演じている。当時、千葉を主演にした空手映画が大ブレークしていて、スケジュールの都合がつかなかったからだ。千葉は今でも、それを残念がっている。インタービューに、その無念さが滲み出ている。そうであろう。後で考えてみればなのだが、役者にとって、こんなおいしい役は滅多にないのだ。何しろ、あの梅毒持ちのカットンが十数年後に脳梅（!!）にまでなり果て、痴呆と紙一重、いやいや、ほとんど痴呆としか言いようのない姿を晒して演じるのだ。

　宍戸錠は昔の〈エースの錠〉張りに、少しのユーモアを加味して演じていたのだが……。果して、千葉が演っていたらとは前々から思っていたのだが、『アサ芸』の千葉へのインタービューを読んだ後、ますますその思いを強くした。脳にまで梅毒が回ってしまった、千葉演じるあのカットン――。是非にも見たかった。なお、私がこの連載で初めて知ったこともまだまだあった。その最大ともいえることには大変驚いたのだが、読後、然もありなんといちいち納得し、〃当時の私の映画眼〃なるものも満更ではないな、と今さらに自慢(!?)したくなった。紙幅の限界が迫っているため、その仔細は省くが、当初、千葉真一の役は北大路欣也が演じた山中正治役となっていたのだが、クランクイン直前急遽、大友勝利役に差し替わったというのだ。

それはそうであろう。『仁義なき戦い　広島死闘篇』が作られるおおよそ四年前、その時公開された〔あの映画〕を実際に見ていれば、東映の関係者ならずとも山中正治役は、千葉真一が絶対の適役と思っただろうし、「オメコの汁」の狂犬大友勝利役は、金輪際、無理だと思うであろう。あの映画が、凄まじい暴力性のうちにある種の純朴さを秘めた、山中正治役を呼んでいた。追い詰められた廃屋の空風呂の中、銃口を銜えて自決するしかなかった山中正治。絶対に、〃南無妙法蓮華経の千葉真一〃でなければならなかった――。

『アサ芸』の連載は六月末、第九回で終った。加藤武、川地民夫と伊吹五郎、宍戸錠、桜木健一と前田吟、松方弘樹、梶芽衣子と野川由美子、片桐竜次と志賀勝、最終が梅宮辰夫。

各回、役者達が語るこだわりには、実に読ませるものがある。与えられた役の大小を問わず、それぞれの役者達は皆、『仁義なき戦い』シリーズには格別の思い入れがあるのだ。四十年近くが経った。当然、物故した役者達も多い。金子信雄、川谷拓三、山城新吾、小池朝雄、成田三樹夫、汐路章……。彼らからも、是非、一言聞いてみたかったのだが……。それにしても、カットンの「言うならアレらはオメコの汁でメシ食うちょるんど！」は、頭抜けて凄い――。先を急がねば。〃オメコの汁の千葉真一〃から、〃南無妙法蓮華経の千葉真一〃へ。

その若者の暗殺すべき人物は、前大蔵大臣・井上準之助。未曾有の大恐慌は未だ収まっておらず、巷には大量の失業者が溢れ返り、労働争議や小作争議は日本全土に及び、完全に食うのに困った一家の親は年頃の娘があれば泣く泣く遊郭に売った。純粋無垢なその若者は、絶対に〃巨悪〃の首魁を殺らねばならないと決心していた。己の命など捨ててかかっていた。一人が一人の〃元凶〃を殺るのだ。〔一人一殺〕が彼らの合言葉である。指導者の和尚は事を急いでいた。時間がないのだ。若者の名前を小沼正という。彼ら若者達の指導者は、日蓮宗の僧侶である井上日召。彼らの起こしたテロ事件を〔血盟団事件〕と呼ぶ。昭和七年であった。その血盟団事件、なかんずく、小沼正その人を主人公にしたオムニバス映画が昭和四十四年に公開された。『日本暗殺秘録』――。監督は中島貞夫。脚本は中島貞夫と笠原和夫。紛れもなく、傑作である――。

私はビデオやＤＶＤをあれこれコレクションする趣味はないので、先に記した『仁義なき戦い』もこの『日本暗殺秘録』も手元になかった。もっとも十年近く前、『シネマ気球』の原稿のためにこの暗殺ものの映画を見たくなり、編集長に手配してもらったのだが、その時は発売されていなかった由。今は出ているとのことなので、二作品とも手配してもらった。今回、四十年振りに見たのだが、再び血が熱くなるのを禁じ得なかった。

例の『アサ芸』の連載第一回目で千葉真一を取りあげた記事を読んだ後、無性に『日本暗殺秘録』を見たくなっていた。〔桜田門外の変〕から〔二・二六事件〕まで、日本近代史上に勃発した九つの暗殺事件をオムニバスで描く。とりわけ、小沼正に扮する千葉真一が主人公となる〔血盟団事件〕

は、映画の大半を占めていて最も中心的に描かれている。映画の始めから終りまでテロリズム・テロリストを描いているのだから、全篇に渡って白刃は不気味な煌きを見せ、爆裂弾は大音響とともに容赦なく爆発し、拳銃の一弾は無慈悲に骨肉を穿つ。全篇、これ血潮、血潮、血潮である。いくら切った張ったの任侠映画の東映とはいえ、よくもこんな企画が通ったものと思うのだが、それは偏に――時代――そのものにあったのである。公開時は昭和四十四年。〔70年安保〕直前、左右の対決は元より、左翼の内部でも、内ゲバは常として日常の中にあったのだ。

いつもは陳腐な惹句をつける東映宣伝部も、この時ばかりは違っていてなかなかに読ませる。宣伝ポスターより、その惹句を書き出しておく。

君よ　君たち　若桜たち　なぜ、ふり乱す　獅子の立て髪！　日本の若者の　歴史を　血で描いて　敢えて問う――　暗殺は　是か!?　否か!?

何とも挑発的ではないか。私はこの映画で描かれた、二人の若きテロリストが好きだ。

一人はもちろん、千葉演じる小沼正であるが、もう一人は高橋長英演じる古田大次郎。アナーキスト・古田大次郎は、大正十二年に起った、いわゆる、〔ギロチン社事件〕で、翌十三年、絞首刑になった若者である。事件の詳細を記す余裕はなくなってしまったが、彼はアナーキストではあるのだが、真のロマンチストであり、高橋長英は透明感溢れる清潔さで、彼の全人格を描き切った。印象深い見事な演技であった。特に、彼の獄中手記『死の懺悔』の一節が流され、絞首刑に処されるため、刑場へと向かう場面は……。

いよいよ余裕がない。急げ――。小沼正を演じた千葉真一も、至純なるが故に、テロへと一気につっ走る過程を、時代相との絡みの中でこれまた見事に演じ切っていた。殊に、茨城県大洗の海岸で一心にお題目を唱えるシーンは実にファナティックであり、テロルへと走る狂信的な若者の内面をリアルなまでに演じていた。「南無妙法蓮華経、南無妙法蓮華経、南無妙法蓮華経……」と一心に唱えるうち、次第次第に高まりて忘我の境に到るところなどは圧巻である。アナーキストと右翼。思想的、あるいは哲学的な〔立ち位置〕は、それこそ天と地ほどに違うのだが、その至純さと純朴さとは全き同じであろう。

『日本暗殺秘録』で小沼を演じた千葉を見ていれば、誰だって、『仁義なき戦い　広島死闘篇』の〔静かなる殺人者山中正治役〕には、千葉を当てたいと思うであろう。〃当時の私の映画眼〃も、そう読んだ。千葉自身もそう思っていて、事実、その線で決まり、千葉の頭には山中の台詞まで入っていたらしい。が、それを否定したのは誰あろう、最初はその線に賛同した監督の深作欣二であった。何と深作は、よりによって、「オメコの汁」のカットンを演じさせたのである――。誰もが考えなかったことを、深作欣二は遣らかしたのだ。結果は、大成功――。かくして、『仁義なき戦い　広島死闘篇』は、日本映画史上に〔伝説〕として残った。千葉真一が叫んだ、「オメコの汁でメシ食うちょるんどっ」とともに――。

（2011年9月）

爾(なんじ)らの霊の眠る山

『二百三高地』

「戦争に負けたら、男はみんなキンタマを抜かれ女はみんなインバイにさせられる」

今次の戦争、即ちあの大東亜戦争の末期、誰の眼にも敗戦が濃厚であると感じられた時、斯くの如き噂が何処からか立ち上り、それは瞬く間に伝播して実(まこと)しやかにささやかれ出し、決してそれだけを信じた訳ではなかったろうが、妙齢の娘を持つ親達の一部は、無理やり我が娘の黒髪を短く刈り上げさせ、何とか男に化けさせようと企んだ。

この嗤う可き逸話を始めて知った時は二十前後の頃であったと思うのだが、当時の私は〔無知なる大衆〕を小馬鹿にしており、因ってその無知さ加減を「何と愚かな日本国民よ」と嘲笑った。そうである。私はインテリ（!!）を目指そうとした小生意気な学生であったのである。事、志とは大きく違い、インテリなどには当然として成れず、更には、大衆の巧まずみせる有無を言わせぬ健(したた)かさも全くなく、今や、何の取得もない口煩(くちうるさ)いそこらの唯のオッチャンである。

嗚呼、青雲の志、今、何処。私の嘆きは兎も角、肝心なのは先の〔キンタマとインバイの話〕である。あの敗戦から六十七年。あの時生まれた赤児は、最早、老人である。長い年月である。そこらの唯のオッチャンに成り果てた身には、大衆の嗤う可き逸話をあの時に小馬鹿にしたものであったのだが、今や戦争に負けて六十七年、現今の日本の有り様の諸々を私なりに仔細に考察するに付け、あの〔無知なる大衆のデマ話〕は、意外や意外、存外に、正に存外に正鵠を射ていたと思わざるを得ない。

米国の日本占領計画とその実行は周到極まりなき精密さで練りに練り上げられ、日本をして、再び絶対に米国に歯向かう事のなきように誘導する巧緻にたけたものであった。その事を殊更に非難はしない。どんな国家であれ、戦勝国であればそのようにするであろう。問題は日本及び日本人自身にこそあるのだ。完膚なき敗北に因って、以後、日本は米国の完全なる乾分になった。それをノンシャランと喜ぶ人々も数多くいたし、現在でもその事を多とする連中も多い。〔戦後民主主義万歳〕である。それもある意味に於いて正しかろう。何も、戦前の日本が全き正義であったと言う積りなどは更々ないし、取返しの付かない大きな間違いも犯した。関係なき話が少々長くなった。

今から百余年前、男達は金玉を抜かれない為、女達は淫売にさせられない為、詰り、当時の日本国民は一丸となって戦う決意を固めていたのである。念の為に記すが金玉云々の話は、勿論、〔精神的去勢〕としての意味であるのだが、淫売の話はそれよりも些か複雑で少々込み入っているのだ。〔世界最古の職業〕(!!)と称されている淫売、即ち売春はその言葉通り世界のあらゆる国で大昔からあり、我が国でも決してその例外ではあり得ず、時代時代に因って様々なる形があったのであるが、どんな時でもその大半の因は貧困のなからしめる処であった。

勿論、この時にも淫売は公然と認められていて数多(あまた)の公娼がいたし、公(おおやけ)には認められない所謂私娼達も数多くいた。だがその当時の極々一般的な庶民の意識は、「若しこの戦に負ければ年頃の娘は皆淫売にさせられて仕舞う」と、半ば本心でそう思っていたのである。何せ、〔御維新(ごいしん)〕から三十有余年しか経っておらず、庶民一般の大方にはその国の名も俄羅斯（オロシャ）と言った方がぴったりとした感があった。俄羅斯、即ちツアーリズムの露西亜（ロシア）である。日本帝国が帝政ロシアと戦端を開いたのは明治三十七年（一九〇四年）であった。初っ端から唐突に〔金玉と淫売〕の話を書いたのには、実の処、少々の理由があった。金玉の方は兎も角、私はその淫売婦達の健気（けなげ）さの行動に感動を抱かざるを得ないのだ。後々記す。

　昨年末、数年がかりで制作され、更には数年がかりで放送されたドラマシリーズの完結編が終了した。ＮＨＫ制作の『坂の上の雲』である。原作は言わずと知れた彼（か）の司馬遼太郎。主演・準主演級俳優を惜しげもなく投入して大掛りな海外ロケまで敢行し、更には最先端なＣＧをふんだんに取り入れた結果か、視聴者達の評判は上々であったやに聞く。私の感想を一言で書けば、端役でしかないと思われる処にまで有名な俳優を使っている為か見るだけで疲れて仕舞い、ドラマそれ自体をじっくりと検証して鑑賞する事が出来ず、果して、彼らのギャラを総計したら幾らになるかなどと、思わず、余計な事まで考えた。（尤も、ＮＨＫのギャラは安いとはいわれているのだが……）

　極論すれば、私はあのドラマの唯一の登場人物の描き方だけに注目していたと言っても良い。それは主要な登場人物などではない。伊地知幸介（いじちこうすけ）。『坂の上の雲』ではこの伊地知を演じたのは村田雄浩であったが、村田はこの役を実に陰翳深く演じ、伊地知の置かれた立場、就中（なかんずく）、その心中の苦渋を彼の厳（いか）つい貌（かお）に滲ませていた。出演シーンは極めて少なかったが、なかなかの好演であった。

　あの映画の伊地知幸介の描き方は、ＮＨＫのドラマよりもっと酷かった。あの映画で伊地知を演じたのは、名脇役の誉れ高い稲葉義男。稲葉の好演により、仲代達矢や丹波哲郎が一層際立ち、更には、もう一方の主役であるあおい輝彦のあわれさよりも引き立ったのだ。流石、黒澤明の『七人の侍』の一人。あの映画では物語の核となる――伊地知幸介の存在の意味――を、憎々しげに且つ又寂しげに演じ切っていた。稲葉義男の演じた伊地知幸介なる男は、NHKの『坂の上の雲』(勿論原作でも)では汚名を着せられており、更に一般的には、〔日露戦争史〕に於いても不名誉極まりなき処に位置付けられている。勿論、あの映画でも。

あの映画とは、過去に日露戦争を描いた数多くの映画の中でも一、二を争う傑作、『二百三高地』の事である。監督・舛田利雄、脚本・笠原和夫、出演・仲代達矢、丹波哲郎、あおい輝彦、夏目雅子、新沼謙治、湯原昌幸、佐藤允、長谷川明男、そして三船敏郎。昭和五十五年公開の東映映画である。

旅順開城約成りて
敵の將軍ステッセル
乃木大將と會見の
所はいづこ水師営

庭に一本なつめの木
弾丸あともいちじるく
くづれ残れる民屋に
今ぞ相見る二将軍

二年七ヵ月に渡って休職していた乃木希典中将が、第三軍司令官に親補せられたのは明治三十七年五月で、既に黒木為楨(くろきためもと)大将麾下の第一軍は朝鮮と中国の境の鴨緑江(おうりょくこう)を渡河して戦闘していたし、奥保鞏(おくやすかた)大将麾下の第二軍は中国遼東半島の錦州城南山(きんしゅうじょうなんざん)でこれ又戦闘に入る直前であった。勿論、帝国海軍も海戦に明け暮れていた。第三軍司令官に任じられた乃木は大将に昇進したのだが、実にここから、彼の最後のそして最大の艱難辛苦が始まるのであった。

『二百三高地』なる映画は、ロシア陸軍が世界一堅固であると豪語した、〔旅順要塞〕を攻撃する乃木大将麾下の第三軍の物語である。それ故、仲代達矢扮する第三軍司令官乃木希典大将や、その上部機関たる満州総軍の総参謀長の任にある児玉源太郎など、軍首脳の動静を描くのは当然であるのだが、最前線で激闘する兵卒（明治期にはこの呼称が一般的であった）も、必然として描かなければドラマにはならない。最上部と最末端。大方の戦争映画などはこの二つを対比して描くのが常で、この『二百三高地』もそのルーティーンを踏んでいる。

日本の戦争映画、殊に大東亜戦争を描いた作品には、軍司令官、師団長、参謀らの現実を無視した極めて理不尽な作戦の為、只管(ひたすら)只管、無駄死にして行く数多の兵隊が悲惨の極みとして描かれている事が多い。それだけ、先の戦争には愚劣な軍幹部が多かったのであろう……。その意味に於いてもこの作品、凡百の日本の戦争映画の手法を定石としているのだが、それにもかかわらず、『二百三高地』が卓抜した傑作となり得たのには、最末端の兵卒達の驚嘆するまでの造形の見事さであり、更には彼ら各々が場面場面で吐く台詞のリアルさである。

乃木大將はおごそかに
御(み)めぐみ深き大君(おおきみ)の
大みことのり傳うれば

彼かしこみて謝しまつる
昨日(きのう)の敵は今日(きょう)の友
語る言葉も打ちとけて
我はたたへつ彼の防備
彼はたたへつ我が武勇

最末端としての兵卒の造型。脚本を書いた笠原の腕はここで冴えに冴え渡っている。彼が作り上げた四人の兵卒と一人の最下級将校。笠原の人物造型の〝筆の彫刻刀〟は、鋭利極まりなき不気味な切れ味を見せて冴え渡る。それらは、こんな人物設定にしたのだからこんな行動を取り、こんな台詞を吐く筈であろうとの必然を敢然として裏切り、観客達の想像出来ない、――リアルとは真逆様のリアルさ――を、思わず内に表出している。真逆様のリアルさとは奇妙な表現だが、そう書くしか他に言葉がないのだ……。

映画のスポットライトは、第三軍隷下・金沢第九師団第六旅団第七連隊の一人の最下級将校と、やがてその直接の部下になる四人の補充兵卒とに当てられる。正に彼らは、急遽、召集を受けた者達ばかり。ロシア文学をこよなく愛してロシア語も堪能なインテリ小学校教師、あおい輝彦扮する小賀予備少尉。豆腐屋の店員で、大酒飲みの父、結核を患う兄、精神障害のある弟、女郎に売られた姉を持つ、極貧家庭育ちの新沼謙治扮する木下二等卒。倶利伽羅紋紋(くりからもんもん)(入れ墨の事)のヤクザ者で、酒が元の喧嘩で警察に逮捕され、巡査から留置場で召集令状を受け取る佐藤允扮する牛渡二等卒。

召集される直前に女房を亡くし、幼い二人の子を止むなく檀家に預け、後ろ髪引かれる思いで出征する友禅染の職人、長谷川明男扮する米川二等卒。金沢の東山の遊郭で、毎夜浮かれ三昧で客の御機嫌を取り持つ幇間（太鼓持）をしている、湯原昌幸扮する梅谷二等卒。笠原が造型したこの五人の男達の位置付けが素晴しく、各々が引き摺らざるを得ないシャバでの因果と、理不尽極まりなき軍隊での相克とが、奇妙なおかしさと皮肉的な悲しさとを孕んで描かれる。それは取りも直さず、当時の日本に於けるあらゆる意味での貧弱・貧困の現れであり、明治期の弱小国家日本の偽らざる真の姿であった。国家の歳入、ロシア二十億円、日本二億五千万円。常備兵力、ロシア三百万人、日本二十万人。それでも、日本は戦う道を選択したのである。

かたち正して言ひ出でぬ
『此の方面の戦闘に
二子を失い給いつる
閣下の心如何にぞ』と
『二人の我が子それぞれに
死所を得たるを喜べり
これぞ部門の面目』と
大將答　力あり

乃木大将の第三軍（主力は歩兵三箇師団。他には各砲兵隊）は、旅順要塞の各堡塁・砲台を攻めに攻め抜いた。各師団・旅団・連隊の戦闘に立つ中隊長や小隊長などの下級将校は勿論の事、後に続く兵卒達の大多数は、成す術なく雲散と降りくる敵弾に見る見る死傷して仕舞う――。帝国陸軍開闢以来始めてと言ってよい近代的要塞攻めは、無惨極まる惨憺たる最悪の結果をもたらし、朝野挙げての乃木に対する非難の声は納まる処を知らず、国民の多くが、我が忠良なる兵卒達をむざむざ犬死にさせる軍司令官に、ごうごうたる罵声を浴びせた。

勿論、映画では満州総軍総参謀長の児玉大将、第三軍司令官の乃木大将、その幕僚たる参謀達、隷下師団の師団長、その下の旅団長などの高級軍人らの動向も、一級史料である『機密日露戦史』や、『明治卅七八年日露戦史』などを参考として精緻に描いているのだが、尤も心を動かされて感じ入ったのは、小賀予備少尉を始めとした彼が率いる小隊の四人の補充兵やその分隊の兵卒達の激闘と、その時々に吐く彼らの思わずの言葉の数々である。そこにこそ脚本家笠原和夫の真骨頂があるのだ。ヤクザである牛渡は留置場で召集令状を手渡され、このように盾突く。

「ワシぁ戦争なんぞ行きたかぁないわいっ……」

巡査の「天皇陛下様のご命令やぞ」と言うたしなめにも、ふんどし姿のケツをのろのろと掻きながら、斯くの如くうそぶく。

「天皇陛下？　ワシぁそんな男、会うたこともないやさかい知らんっ」

憲兵隊からの通報で、小賀がロシア語に堪能である事を知った中隊長は彼に向ってこう尋ねる。

「貴様、ロシアと言う国をどう思うか」、と。小賀は斯く答える。

「敬愛しております」

その小賀の答えに、「率直で宜しい」と頷き、更には、「俺だって、トルストイぐらいは読んでるよ」と微笑んだのである。新兵の四人を鬼かと思うような底意地の悪さで、情け容赦なく徹底的に鍛え上げた彼らの分隊長金山伍長。総攻撃の命令がかかる直前の塹壕の中、二人の幼い子に後ろ髪を引かれる思いの米川二等卒に向かって。

「おい米川、お前だけは死ぬなや……絶対に死ぬなやっ。弾の当たらん処におれや、何としてもお前だけは生きて内地に帰るんやっ。いいなみんな、米川を絶対殺すんやないぞっ」

思わず頷く全部隊の兵卒達。そして、金山伍長は壮烈な戦死を遂げるのである。この金山伍長を好演したのは誰あろう三南道郎。若い人には何者なのか判らないであろうが……。無理もない。彼は芸名を少し改名していた。前の名前は南道郎。そう書けば映画好きの年配者には、ははあーとくるであろう。『二等兵物語』シリーズ（古い！）などで、新兵達を徹底的に苛め抜く下士官役が彼の当り役であった。『二百三高地』での好演は、それが生きたのである。

約五万の兵を投入した第一次総攻撃は、旅順要塞各堡塁に巧みに配された大小火器や、高圧電流が流れる鉄条網や地雷原、逆茂木（さかもぎ）を密かに配した深い壕に阻（はば）まれ、実に一万五千人もの死傷者を出して無惨に失敗した。

両将晝食（ひるげ）を共にして
なおもつきせぬ物語
『我に愛する良馬あり
今日の記念に献ずべし』

『厚意謝するに餘りあり
軍のおきてにしたがひて
他日我が手に受領せば
長くいたはり養はん』

第一次総攻撃に失敗した第三軍司令部は、敵陣地近くまで壕を掘り進め、堡塁直下に大量の爆薬を仕掛ける築城攻撃へと変更し、更には急遽、日本最強力の二十八サンチ榴弾砲十八門を持ち込んだ。中隊長の寺島は重傷を負って内地に転送、中尉に昇進した小賀はその後中隊長になった。

満州総軍は、とくに総参謀長の児玉は、一刻も早く旅順要塞を堕してくれと第三軍に督促する。その児玉の督促に、伊地知幸介は満面の怒りを覚えていた。そう、先に書いた稲葉義男扮するあの伊地知である。彼が前から必死になって総軍司令部に要求していた弾薬・弾丸、更には攻城資材や食料、防寒着などは、何時如何なる時でも満足に送られてきた事などなかった。伊地知幸介は第三軍の参謀長の職にあった。伊地知少将はフランスに留学して砲術を学んだ砲兵戦術の専門家で、何程の弾薬・砲弾があれば旅順要塞を堕せるか綿密に計算していた。

私は伊地知少将に同情する。弱小国日本のこれが現実であった。総てが不足していた。『坂の上の雲』や『二百三高地』では描かれてはいないが、伊地知幸介は作戦の不首尾を問われ、日露戦争の後、閑職の旅順要塞司令官に左遷されている。日露戦争では——軍神——や数多くの英雄が誕生したが（或いは、わざと誕生させた）、伊地知少将は数少ない不名誉な軍人として指弾されたのである。

攻撃方法を変えても堕せなかった。第二次総攻撃失敗。両軍睨み合い膠着。映画はそこに考えられないようなエピソードを入れる。

極寒の中、資材を運んでいた牛渡は、切らせた煙草に苛立ちが募っていた。と、後ろから声をかける者がいる。振り返って眼に入ったのは、一人馬に乗る乃木大将。（実際、乃木は幕僚達を連れず唯一騎、前線を経巡ったと言われている。丸で、自ら死に場所を求めるかのように……）その時の軍司令官乃木大将と倶利伽羅紋紋の二等卒の会話。

「寒いじゃろう。からだぁ大丈夫か？」

「どうせワシらぁ消耗品ですさかいに、こんぐらいの寒さぁ……」

煙草を一箱ごと貰った牛渡はふっと気が付き、去り行く馬上の大将に叫ぶ。

「あのう、あのう……ワシゃあ口下手ですさかいに、今言うたこたあっ……」

馬上の乃木は振り返って大きく頷き、一鞭くれて見る見る遠ざかって行く。最上級の軍司令官閣下と最下級の二等兵卒。現実にはこんな事はないであろうが、明治のあの時代、そして名手笠原の手にかかると、何故か現実じみて見えて仕舞う。明治天皇（三船敏郎）の特別の御裁可に因って旭川第七師団を増派された第三軍は、今度こそはの決意の元、第三次総攻撃を開始した。流石の乃木も正面突破は半ば諦め、敵陣の最も西方のやや弱いと思われる小山に主力を投入した。その名こそ——二百三高地——。

その小山の標高が二百三メートルであったので、日本軍はその地を二百三高地と呼び習わしていたのだ。が、予想していたより堅陣で容易には堕せなかった。彼我の攻防は一段と激しさを増し、又もや膠着状態が続いた。そんな中でのある日の夜。次に書くエピソードは、恐らく、笠原和夫がこの映画の中で一番書きたかった事であろう。敢えて言わば、このシーンがあるからこそ、この台詞があるからこそ、『二百三高地』が大傑作たり得た。第三軍司令部のある幕舎の中、一人の参謀に因って捕虜になったロシア軍将校の尋問が行われていた。一般に当時の日本軍は国際条約を守り、捕虜を鄭重に扱った。

その時事件が。日本人及び日本軍を小馬鹿にした捕虜に、小賀が行き成り拳銃を抜き放ち、有無を言わさず銃撃をし、命にかかわる重傷を負わせたのである——。騒ぎを聞き付けた他の参謀連中も血相を変えて集まる。その時の小賀中尉の台詞。

「部下の敵討でありますっ。ロシア人は総て敵であります。自分は悔いることは毛頭ありませんっ」

この遣り取りが耳に入った乃木。一人で執務していた自分のテントを出、少し離れた処で彼ら一団をじっと見詰める。それを意識した小賀が、更なる強烈な言葉を叩き付ける。

「最前線の兵には、体面も規約もありません。あるものは、生きるか死ぬか、それだけです……兵たちは……死んでゆく兵たちには、国家も軍司令官も命令も軍紀も、そんなものは一切無縁です。焦熱地獄の底で鬼となって焼かれてゆく苦痛があるだけがです……その苦痛を……部下たちの苦痛を……乃木式の軍人精神で救えますか！」

一人の参謀が怒鳴るようにたしなめる。

「乃木式とはなにかっ！　閣下も御令息を失っておられるんだぞ！」

それにも更に傲然として答える小賀中尉。

「当然であります！　前線に立つ者が死ぬ運命にあるのは当然だと申し上げているのです！　それなのに、部下や御令息を死地に駆り立てながら、敵兵に対して人道を守れと命ずる軍司令官閣下のお考えは、自分には理解出来ません！」

ロシア語の研鑽を重ね、ロシア文学を愛し、ロシア国を敬愛していた小学校訓導小賀の姿は、最早、恐ろしい程微塵もなかった——。直接の部下を始めとして、余りに多くの兵達の無惨な死に、あの誠実にして心優しい教師は——夜叉——に変って仕舞った。

満州総軍総参謀長児玉大将の、統帥（簡単に言わば軍の命令系統の事）を逸脱したかに見える乃木大将への献策に因り、さしもの二百三高地も辛くも堕ちた。小賀中尉は二百三高地が堕ちる直前、〃夜叉〃のまま、無惨極まる戦死をし、部下だったあの四名の補充兵達も生き残ったのは、ヤクザの牛渡と豆腐屋の小僧の木下だけだった。そして金沢第九師団第七連隊の将校・兵卒達は驚く程の死傷者を出し、全滅した小隊、中隊、大隊は数多に及んだのである。堕した二百三高地に観測点を設け、そこから一望出来る旅順湾に籠る艦隊を二十八サンチ砲で正確に撃って壊滅させた。斯くて、二百三高地は——帝国日本の聖地——となった。

『さらば』と握手ねんごろに
別れて行くや右左
砲音たえし砲臺に
ひらめき立てり日の御旗

果して、乃木大将は愚将であったのか？　小説『坂の上の雲』を書いた司馬も、映画『二百三高地』を書いた笠原も、共に愚将論に立っている。

大東亜戦争後はその声が圧倒的に多い。

明治期、大正期、戦前の昭和期、更には戦後期と、各時に於ける〔乃木大将論〕を辿りたかったが、残念ながら紙幅がそれを許さない。短く短く記す。——乃木希典なる一軍人の生き様——には、日本人一般の琴線に触るる何物かが、確かとして宿っていたのである。誤解を承知で書けば、——日本人は乃木希典なる人物が好き——なのである。乃木は二百三高地を巡る兵達の激闘を漢詩にしている。

爾靈山嶮豈難攀
男子功名期克艱
鐵血覆山山形改
萬人齋仰爾靈山

読み下してみる。

爾靈山の嶮豈に攀じ難からんや
男子功名、克艱を期す
鐵血山を覆いて山形改まる
萬人齋しく仰ぐ爾靈山

二百三高地を爾霊山と詠んだ処に、乃木希典の万感の思いを感じる。即ち、爾らの霊の眠る山——、である。映画ではその事に触れはしない。猶、小見出し変わりに使った、佐々木信綱・作詞、岡野貞一・作曲の『水師営の会見』は当時の有名な小学唱歌であるが、笠原に因ると、そのような――武士道と騎士道――と言った風情はなく、『水師営の会見』も極めて事務的であったと鮸膠(にべ)もない……。

冒頭に記した淫売の話である。小説『坂の上の雲』でも日本へと回航されるロシア・バルチック艦隊（日本海海戦で、東郷平八郎麾下の聯合艦隊に因り、大方壊滅させられた例のあのロシア最強艦隊）の動静を、故国へと知らせる（これも事実あった）――からゆきさん――、即ち、東南アジアに出稼ぎ或いは売られて行った売春婦達の健気さを描いているが、この小論を書く為に改めて日露戦争の最新の資料を漁っていたら、驚く可き発見をした。何とあのマダガスカル島、アフリカ大陸の東にある日本から気が遠くなる程遠い、マダガスカル島にも同じような事をしようとした日本人娼婦達がいたらしいのだ――。最早、歴史の波間に消え、その時の詳細までは定かには判らない。名もなき市井の悲しき女達。御国を思う見事な――烈女達――、である。彼女らを裏切った筈の祖国へのこの健気さ――。果して彼女らを、――名もなき淫売――などと、言えるのであろうか……。

（2012年9月）

――無機的な、からっぽな、ニュートラルな、中間色の、富裕な、抜目がない――

『11・25自決の日 三島由紀夫と若者たち』

私の中の二十五年間を考へると、その空虚に今さらびつくりする。私はほとんど「生きた」とはいへない。鼻をつまみながら通りすぎたのだ。

二十五年前に私が憎んだものは、多少形を変へはしたが、今もあひかはらずしぶとく生き永らへてゐる。生き永らへてゐるどころか、おどろくべき繁殖力で日本中に完全に浸透してしまつた。それは戦後民主主義とそこから生ずる偽善といふおそるべきバチルスである。

こんな偽善と詐術は、アメリカの占領と共に終はるだらう、と考へてゐた私はずいぶん甘かつた。おどろくべきことには、日本人は自ら進んで、それを自分の体質とすることを選んだのである。政治も、経済も、社会も、文化ですら。

私は昭和二十年から三十二年ごろまで、大人しい芸術至上主義者だと思はれてゐた。私はただ冷笑してゐたのだ。或る種のひよわな青年は、抵抗の方法として冷笑しか知らないのである。そのうちに私は、自分の冷笑・自分のシニシズムに対してこそ戦はなければならない、と感じるやうになつた。

この二十五年間、認識は私に不幸をしかもたらさなかつた。私の幸福はすべて別の源泉から汲まれたものである。

なるほど私は小説を書きつづけてきた。戯曲もたくさん書いた。しかし作品をいくら積み重ねても、作者にとつては、排泄物を積み重ねたのと同じことである。その結果賢明になることは断じてない。さうかと云つて、美しいほど愚かになれるわけではない。

（傍点は、読者にこの一文の意のある処をより注視させんが為、敢えて私が付けた）


やがて、この男の伝説となる可き必然を孕んだ短い一文は、かくの如く強烈なる自己韜晦性と痛ましいまでの諧謔性から始まっているのであるが、それは文が進むうちに増々昂じていき、今改めて読み返してみても、一種の怖気(おじけ)すら感じて仕舞う。この一文を書いた時、この男は既に決断していたのである。いや、恐らくこの時より大分前から。

残念ながら私は、この一文をリアルタイムで読んではいない。文章が載ったのは、昭和四十五年七月七日付のサンケイ新聞（現在は産經新聞）で、時の編集部が求めたエッセイのテーマは「戦後二十五年」であった。この男の短い一文は、「果たし得てゐない約束——私の二十五年」と題されていたのだが、タイトル自体も本人に因るものである。そうである。正に、あの敗戦から二十五年目に当たる昭和四十五年に書かれたのである。既に今年は、その時から四十三年も経っているのである。あの敗戦（一般には終戦と糊塗されているのだが……）から、実に六十八年経ったのだ。

昨年の十月二十四日。百五十本以上の作品を作り続け、更には他社の作品の製作、果ては役者(!!)として出演した一人の映画監督が、丸で、その作品群の大方が激しいまでの毀誉褒貶に晒された如くある意味で表象するかの様な、実に、彼の人らしいと言えば彼の人らしい呆気ない死に方をした。タクシーに撥ねられての死。場所は新宿である。彼の人生の軌跡は飽く迄も破天荒。

『ひき裂かれた情事』『胎児が密漁する時』『犯された白衣』『日本暴行暗黒史　異常者の血』『処女ゲバゲバ』『ゆけゆけ二度目の処女』　昭和四十年代に監督した彼の作品を極一部書き出したが、何とも鮮烈でかつまた刺激的であり、世の良識派と称される人々、譬えば世界的な巨匠、譬えば当時テレビで有名な映画評論家、譬えば映画産業労働組合の幹部などが、肝胆を寒からしむるのも宜なる哉である。

彼の名は若松孝二。ピンク映画の監督。詰り、十八歳未満禁止の成人映画の監督である。私の若松孝二作品との接点は、昭和四十三年から四十八年頃迄と短く、それ以降、今に到るまで若松の映画を見る事は絶えてない。である故、私は決して彼の作品の熱心なる鑑賞者ではないのだし、況や、身の程知らずにも、彼に就いての映画論を開陳するだけの見識などない。

若い私が見ていた頃の若松のピンク映画は、一言で言わば凄まじい迄の暴力的エロに尽き、返ってその余りの激烈なる過剰さが、欲情の代替物その物としての価値を奪っているかの様に思えた。私の欲情がエロ映画に求めていたのは、妖しく生めく豊麗な女の裸身であり、身悶えしながら男に抱かれる女の姿態であり、性の快楽に惑溺して悶えのたうつ女体であったのだ。

若松のピンク映画は一般的なそれとは明らかに違い、女を何の躊躇いもなく素っ裸にひん剥き、欲望の情動に総てを放擲して犯し捲り、剰え、少しでも気に食わなければ立ち所に殺戮して仕舞う。更には、その真逆様の甘えと優しさの綯い交ぜになった女その物への憧憬とか、聖性としての子宮回帰願望とかを、飽く迄も暴力的かつ扇情的に描くかだ。

性、テロル、差別、反権力、反権威、革命、暴力、愛欲、性欲……若松のエロ映画には、それらが輻輳的に絡まり合って強烈なメッセージとなり、更に言わば、強烈なメッセージが時として生理的な嫌悪感すら感じさせて仕舞う。他の性的興奮を呼び起こす事を唯一の目的としたこの種の映画群とは、驚く程の絶対的な差異が感じられる。

恐らく、若き日の私が一番映画を見たのは、新宿にあった任侠映画の聖地の昭和館であろう。その隣の昭和地下は三本立ての陰気臭いピンク映画専門館で、エロ映画を見るのには陰気臭さが何とも言えずよく、エロ映画を見るのは昭和地下と決めていた。が、若松のエロ映画だけは違った。そう、同じ新宿でも〔難しい映画〕、取分け、〔コアな難しい映画〕を常に上映していたＡＴＧ蠍（さそり）座。若松のエロ映画だけは、大方そこで見たのだ。何を言いたいかと言うと、あの当時に一部とは言え、若松の映画は単なるエロ映画ではないと、認識する者達が少数ながらいた事を意見している。

若松のフィルモグラフィー（『若松孝二　反権力の肖像』四方田犬彦・平沢剛編、作品社刊を参照）を見ると、昭和五十七年頃を境として明らかな変化が判る。あれ程激烈に描いた女の凌辱性や苛虐性、或いはその真っ逆様の母性への只管な渇望はその作品から影を潜め、直接的な粗野・粗暴なエロ感とは明らかに違う形へと昇華されていくのが感じられる。

それはこの間彼が、〔エロの巨匠〕として映画界や映画ファンに、一定の認知を得て評価を高からしめた事はあったのだが、時代相は、〔７０年安保〕（昭和四十五年）を頂点として革命、反乱、ゲバルト、テロルなどの命題は急速に意味を失っていったのであり、恐らく若松は、今迄の自分の立脚点を越えてのより深掘りを迫られていたのでは……。

〔三島由紀夫〕だから見る気になったのである。否、〔三島の割腹自決〕をテーマにしたから見る気になったのである。再度、否。より正確には、〔三島由紀夫の割腹自決をあの若松孝二が描いたから〕、見たかったのである。

三島由紀夫と若松孝二。敵である筈だ。通俗的な認識に於ては、一方は〔極右の名声赫々たる天才文士〕であり、また一方は〔極左崩れのエロを専らとした監督〕である。何所までも交差する筈もなき二人の軌跡。殊に三島が自決した昭和四十五年頃は、〔70年安保〕であり、三島と若松は相容れない絶対的敵である。

兎も角、見たかった。『シネマ気球』の第2号にも、「私にはもう映画はない」と書いたのだが、あれから長い時を経たが情況に何ら変わりはない。寧ろ、今はあの頃より酷い。もう映画を全く見ない。

であるから、今の私には映画に就いて描く可き何物もない。因って、この駄文は〔義理に駆られた白刃の出入〕の健サンなのである。詰り、古い友人である編集長への義理に駆られての一文なのであり、有り体に言って田舎のオッサンの妄言である。健サンであれば躊躇なくすっくと白鞘を取るであろうが、そこは度胸も体力も銭もない田舎のオッサンなので、躊躇わずに関西の裏ビデオ屋（今は裏ＤＶＤ屋と言った方が宜しいのだが……）から、金二百円（!!）で違法コピーの『11・25自決の日　三島由紀夫と若者たち』を入手して見た。どうでもよい事なのだが、近年はインターネット全盛の所為か裏ビデオ屋はもう商売にならず、合法アダルトＤＶＤは疎か一般映画までも違法コピーし、何とかシノギをしているらしい。ヤクザと同様、裏ビデオ屋も最近のシノギはなかなか大変らしい。

映画のファーストシーンは、十七歳の右翼少年、山口二矢の少年鑑別所内での自殺から始まる。右翼であった山口二矢は、大きく国論を二分した〔６０年安保〕(昭和三十五年)騒動の中、当時の社会党委員長の浅沼稲次郎を、公開立合い演説会の会場である日比谷公会堂壇上で刺殺した。右翼テロである。

この右翼の一少年の凶行に世間は大変な驚愕を示し、マスコミは挙ってテロルを糾弾したのだが、左翼陣営は元より、一部の右翼からもごうごうたる非難の声が巻き起った。映画が進行していくと判るのだが、ファーストシーンに三島の自決時(昭和四十二年)から十二年も前に起った山口二矢の自殺を持ってきたのは、その試みが完全に効果を上げているかどうかは兎も角、若松なりの伏線の張り方なのであり、所謂、世間一般が称している〔三島事件〕への、彼の始原的な興味の有り様が判るのだ。

次に、森田必勝の高校時代が短く描かれる。森田必勝。後に、三島と共に割腹した青年である。三島が私費を費やして作った私設の軍隊、〔楯の会〕。彼はその学生長だった男である。森田は昭和四十一年、早稲田大学教育学部に入学する。折しも早稲田では、学費値上げ撤回と学生会館の自主管理運営を求め、早大史上始めての全学ストライキが起っており、全学共闘会議に結集した多くの学生達は、学内にバリケードを作って教室や校内の施設を占拠した。

新入生の森田の眼から見れば、新左翼或いは彼らと同調した学生達の余りの傍若無人振りは、母校早稲田それ自体を危機に落し込む行為であり、絶対に看過できるものではなかった。森田は右翼学生団体〔日本学生同盟〕、通称〔日学同〕を先輩らと作る。日学同の学生らと三島との接点は、彼らの機関誌の創刊号に原稿料なしで一文を提供した事に因る。元々三島は彼ら学生の思想に共鳴的であったし、何より彼らの純なる魂に感動したのだ。その直後、三島は陸上自衛隊に体験入隊を繰り返して激しいレインジャー訓練を受けたり、前々からやっていたボディービルや剣道や居合道に打ち込み、更には、何を思ったのか空手までをも習い始めている。映画では三島のそれらの行為を淡々と描いている。

私は、〝軽い失望〟を感じていた。私は三島のそれらの行為を、評論家やジャーナリストの複数の著作で知っていた。三島の行為に賛同する者、批判的な者、興味本位的な者、冷笑的な者、立場は様々であったがそれらからもたらされる情報で知る限り、映画も大筋に於いて事実関係にはほぼ間違いはない。

今や三島は、少年時代学習院の同級生からからかわれた、あの〔青瓢箪の文弱の徒〕ではなかった。軍医の誤診とは言え、兵隊検査で不合格になった病弱で痩せ細っていた肢体は、アポロンの如くの或いは古代剣闘士の如くの躍動を秘めて赫奕として存在し、丸で、彼の小説の主人公の様な鋼鉄の肉体として輝き出したのである。

だがしかし、三島由紀夫の、いや幼少の頃から「女みたいだ」と揶揄された平岡公威の精神その物は、その肉体と共に変り得たのであろうか……。私が長い間疑問に思っていたその事を、若松は是非描いて欲しかった。果して肉体を鍛え抜けば、精神までもが自ずと鍛錬されて強靭になれるのであろうか？

私は〔若松映画〕を期待していたのだ。それも私が昔見た、あの若松映画を。強烈なる恣意性に色取られた若松のエロ映画は、巧まずに、観客にある種の嫌悪感すら与えるのだが、そこに、彼の偏頗ではあるのだが絶対的な確信犯の如きの凄まじさは、まじまじと感じさせた。有り体に言って、私は――若松の偏頗なる三島観――こそ見たかったのだが……。

昭和四十三年、私は三流大学に入ったので上京した。それに因って、兎も角にも彼らと、より正確に記せば過激派左翼学生や森田らの様な民族派右翼学生と、同時代性の只中に生きたのである。更には、三島由紀夫なる作家も。勉強のできない田舎の高校生には、三島の作品などに全く関心はなかった。講義は何ともつまらなく、最初の夏休みがくる頃には殆ど出席しなくなった。が、東京は私を大きく変え始めていた。

付和雷同であったやも知れない。その年の秋、〔10・21国際反戦デー〕の日の夜、めちゃくちゃに破壊された新宿駅構内にいた。到る所にバリケードが築かれ、火の手は随所で上がった。新宿騒乱事件と呼ばれる。戦後始めて〔騒乱罪〕が適用された。この映画では、それを含めた過激派セクト学生や全共闘学生が惹起した一連の事件が、当時の白黒ニュース映画を使って描かれている。

三島由紀夫は期待していたのである。否、切望していた。彼ら左翼過激派達は、必ずや、来たる可き〔７０年安保〕に日本をカオス状態に落ち込ませ、最早、警察力だけではそれに対処できなくなる日の来たらん事を。その時にこそ、戦後ずっと継子(ままこ)であり続けた自衛隊が〔治安出動〕して左翼勢力を完全に制圧し、而(しか)して彼らを、光輝ある帝国陸軍の後裔たる真の国軍になからしめんと。

三島は戦後を、アメリカに与えられた戦後民主主義を、その先棒を担いだ知識人達を、蛇蝎の如く嫌って心から憎んだ。が、彼もまた紛う事なき戦後最高の知識人の一人である。であるから、三島は戦後知識人の欺瞞性が手に取る様に判ったのだ。それは冒頭で引用した三島の一文でも痛い程に判るのだが、その文の中段では更に凄まじい展開で己を追い込んでいる。

肉体のはかなさと文学の強靭との、又、文学のほのかさと肉体の剛毅との、極度のコントラストと無理強いの結合とは、私のむかしからの夢であり、これは多分ヨーロッパのどんな作家もかつて企てなかつたことであり、もしそれが完全に成就されれば、作る者と作られる者の一致、ボードレエル流にいへば、「死刑囚たり且つ死刑執行人」たることが可能になるのだ。作る者と作られる者との乖離（くわいり）に、芸術家の孤独と倒錯した矜持を発見したときに、近代がはじまつたのではなかろうか。私のこの「近代」といふ意味は、古代についても妥当するのであり、万葉集でいへば大伴家持（やかもち）、ギリシア悲劇でいへばエウリピデスが、すでにこの種の「近代」を代表してゐるのである。

改めて読み返しても、三島の〔近代〕の認識に、二度三度と驚かざるを得ない。大伴家持やエウリピデス（ギリシャ悲劇の詩人、作品には『メディア』、『トロイアの女たち』などがある）以前の精神と肉体との完全なる一致こそが……。

若松の映画は〔奈落の絶望〕へと落ち込んでいく三島の姿を、哀惜或いは愛惜とも言っていい一種のシンパシーを以て描いていて、昔の若松しか知らない私には、些か戸惑いを覚えた。私は前記した様に、〔若松の偏頗なる三島観〕を期待して『11・25自決の日　三島由紀夫と若者たち』を、見始めたのだから。三島由紀夫及び彼の割腹と言う極めて異様・異常な自決に就いては、我が国ばかりか世界中の所謂有識者達、更には彼に関わりのあったあらゆる人物達が、それこそ雨後の筍の如く夥しい数々の著作物をものしている。

鑽仰（さんぎょう）、驚愕、嫌悪、誹謗、不安……。人それぞれの哲学や思想や政治観や死生観に因り、その認識の違いは月と鼈(すっぽん)、天と地程の絶対的な隔絶を感じる。それである故、極左としての若松の三島観こそを見たかった。私が軽い失望と書いた一つの所以は、そこら辺りにもあった。私の若松への認識は、彼の若い頃の作品のままで止っている。更に言わば、彼の深化或いは進化を思考していなかった。愚かにも……。

勿論、若松自身も徐々に変貌して、もうエロ映画は撮らなくなっている事は知っていたのだが、決してそんな表層的な事ではなく、『11・25自決の日　三島由紀夫と若者たち』を見終って痛感したのは、若しかしたら、ひょっとして若い頃の私の若松のエロ映画の認識が、余りにも余りにも皮相的であったのではないかと言う事であった。あの頃の私は、只管、若松の描くエロと暴力のピンク映画に、極左としての貌(かお)のみを見ていたのだ。思想や哲学や思弁とは、その様に単純な所には決して納まるものではない。

反権力とは、譬え極左であっても、譬え極右であっても、その因って立つ悲しさ故に、その孤絶故に、共に屹立し得るのである。ルポライターであり映画評論家でもあった竹中労は、後年、「左右を弁別せず」と書いた。この作品で描かれる三島へのある種のシンパシー。そしてそれにも増さる若き森田へのシンパシー。いや、私には彼らへの絶大なるオマージュであるとすら感じられる。

無論、三島は左翼思想一般が大嫌いであったのだが、それに負けず劣らず、いや場合に因ってはそれ以上の激しさで、戦後の保守と言われている勢力を不愉快に思っていた。自らアメリカに黙々として傅(かしず)き、剰(あまつさ)え、奴隷の如くの卑屈を見せて媚を売り続ける輩(やから)。そんな連中が、ほぼ一貫して戦後の政権を取ってきた。巧妙と狡猾と欺瞞。日本は日本でなくなって仕舞った——。三島はかく思った。

極左であり続けた若松も、三島の同様の意味に於て、戦後体制の矛盾やあざとさを、暴力とエロとテロルとに因って、先鋭的に描写してきたのである。三、四年前、哲学が専門である埼玉大学名誉教授長谷川三千子は、三島の死を、「彼は間違いなくわれわれに死を与へてくれた」（傍点は彼女に因る）、と喝破した。何でも、フランスのポスト構造主義の哲学者ジャック・デリダの著書に、『死を与える』と名付けられた書があるらしいのだ。ポスト構造主義なる哲学が如何なる論なのか、私には理解するだけの能力は全くないのであるが、長谷川は「われわれは、いまだにその受け取り方（三島の死　注は鈴木）を知らないのである」とも書き、更には、三島の死は神学的なものであり、その様にして見る時、「はじめてわれわれは、彼の死を受け取ることができるのである」と記している。

死を与えるとは如何なる事なのかと、私なりにもっと考えてみたい気持もするのだが、最早、紙幅が尽き様としている。急げ――。引用している三島の〔果たし得てゐない約束――私の中の二十五年〕は、最後で次の様な文章を書いている。三島を論じた多くの論者がこの部分をしばしば引用する為、〔伝説の中の伝説〕になった感すらある。

このまま行つたら「日本」はなくなつてしまふのではないかといふ感を日ましに深くする。日本はなくなつて、その代わりに、無機的な、からつぽな、ニュートラルな、中間色の、富裕な、抜目がない、或る経済的大国が極東の一角に残るのであらう。

それでもいいと思つてゐる人たちと、私は口をきく気にもなれなくなつてゐるのである。

映画ではこの一文には全く触れていないのだが、三島が自決する僅か四ヶ月前に書かれたこの文章程、彼の人の絶対的な絶望を果敢に現している物はなく、映画はほぼ忠実にこの〔思想〕を描いている。丸で、その思想に共鳴するかの如くの痛恨の悲しびを見せて――。映画の冒頭で山口二矢の自殺を描いているが、それから十年近くの後、三島邸に一人の青年が訪ねてこの様な質問をする。

「先生は何時死ぬんですか?」

三島は思わず絶句する。青年は三島作品の熱烈なファン。そしてその青年の貌は、彼の山口二矢に変っていく。訪ねた無名の青年が三島に向かってその様に言ったのは事実であるのだが、勿論、三島がその青年の貌に山口二矢を見たのは、若松の考えたフィクションである。〔60年安保〕と〔70年安保〕。二つの自死はそれぞれを表象している。闘争は常に贄を求める。それでも、人は〔闘争〕を止めない。人間である限り――。

最後に、再三書いているが、映画のないオッサンの繰り言を。『唐獅子牡丹』の一節を揶揄半分で使った。が、レコード・テープ・CDにもなっている定番の歌詞を使わなかった。否、使えなかった。それには些かの仔細があった。三島由紀夫と森田必勝を始めとする四人の〔楯の会〕の若者達が、陸上自衛隊東部方面総監部のある市ヶ谷駐屯地に向かう車中で、何と彼ら全員は、あの『唐獅子牡丹』を楽し気に合唱するのだ。

カメラは一番、二番と歌う彼ら五人を延々と撮る。私はその事を今迄全く知らず、この映画で始めて知った。恐らく、実際もその様にしたのだろう。言うまでもなく、『昭和残侠伝』シリーズでは、花田秀次郎〔高倉健〕と風間重吉〔池部良〕の〔連帯の道行〕の時に、必ず流れる歌なのだ。〔義理と人情を秤にかけりゃ　義理が重たいこの世の世界〕とは、この映画を見終ったあとでは如何しても使えなかった。彼ら五人が〔赤き着物か白き着物〕の時、決然として唄った定番の歌詞の『唐獅子牡丹』。冗談半分のおふざけで使うのは、三島を始めとする五人を限りなく冒涜する気がしたのだ。

背(せな)で泣いている唐獅子よ、三島由紀夫の為に、森田必勝の為に、もっともっと慟哭(な)け。そして、若松孝二の為にも。叛逆者の漢(おとこ)の背中の唐獅子は、常として泣き続けて征(ゆ)くのだ。

（2013年9月）

寒い国から還った参謀

『不毛地帯』

その時、その男の胸中に去来する感情は、果して如何なるものであっただろうか？　耐え難き恥辱。全身を貫く脱力感。惑乱する思惟。十ヶ日程前から不眠不休で対応に当たっていたが、脆くも崩壊した。そして八月十九日。今、この男はここにいる。正確には昭和二十年八月十九日。場所は極東のソ連領ジャリコーウォ。男は職業軍人瀬島龍三、三十四歳。階級は陸軍中佐。ジャリコーウォの恥辱の場には、極東ソ連軍の元帥が五人、威儀を正して着席しており瀬島は一瞬それに威圧らしきものを感じたが、それを気取られまいとして無理にも胸を張った。

次々とベストセラーを書き上げた作家が亡くなった。山崎豊子である。彼女は『白い巨塔』、『華麗なる一族』、『大地の子』、『運命の人』などなどヒット作を出し続け、死するまでその旺盛な創作意欲は衰えなかった。映画化やテレビドラマ化された作品も多くあるのだが、それらは兎も角、山崎豊子の小説自体を余り多くは読んでいない。

その意味に於いて、私は決して彼女の熱心なファンではないのだ。彼女の作品の大多数は現実の事件や事象を色濃く反映しており、物語に出てくる人物も多くは実際に存在している人物と直ぐに類推出来る。山崎は新聞記者出身だった為か、自分が小説化する事件や事象を事細かに調べ上げ、驚く程の資料に目を通している。それは、矢張り記者出身だった司馬遼太郎と双璧であろう。

山崎の小説の多くは実在の人物をモデルとしている為、取材に快く協力した人も、自分やその人物を心外に描かれて抜き難い軋轢を生じたり、その人物の行動や行為を全く違う様な取り上げ方をされて怒りを買ったりと、様々な複雑なる確執を生じせしめた。更にはしばしば剽窃も問題になった。盗作である。私が後期の彼女の作品を余り読まなくなったのには、彼女が主人公にした人物にそれ程の興味がなかったことにも因るが、剽窃をしばしばしたことに、少々の嫌悪を感じたことも理由の一つであった。

山崎豊子の死を奉ずる記事に接した時、彼女のある小説が頭を過り、昔々に見たその小説を原作にした映画を思い出した。主人公のモデルとなったと思しきその男に、ずっと若い頃より関心があったからであり、更には、その人物に就いての驚愕の事実を、昨年のさる月刊誌上で読んだからだ。俄には信じ難い衝撃性を孕んでいたが、著者は確信を持ってそれを断定している。著述した男は、それを知り得る重要な地位にいたのだ。それは後で記す。その映画は『不毛地帯』。昭和四十六年度の東宝作品。監督山本薩夫。脚本山田信夫。主演仲代達矢。他に丹波哲郎、山形勲、田宮二郎、八千草薫、秋吉久美子など。勿論、原作は山崎豊子。

昭和三十年代半ば、日本の次期主力戦闘機を巡る商社、政治家、高級官僚、航空自衛隊幹部らの凄まじい迄の暗躍振りを描いているのだが、山崎の小説の映画化だけに、その事実は兎も角、主な登場人物達は総てといってよい程、実在の人物がいるのである。私の乏しい知識でも、実在のその人物達は、可成り容易に判る様になっている。昭和三十三年冬、中年男壱岐正(仲代達矢)の、総合商社近畿商事での面接から始まる。社長大門一三（山形勲）は、何故か、この中年男を痛く気に入り嘱託として入社させる。切れ者の大門社長が、長らく浪人生活をしていた壱岐を入社させたのには、彼の特異な経歴を買ってのことであり、社長の大門にはある壮大な野望が渦巻いていた。こうして、実に十一年の空白のある今浦島の壱岐正は、再び〝戦争〟へと身を投ずることになった。

大門が欲しかったのは、壱岐の類なき経歴、その怜悧な頭脳、彼の特殊な人脈。この時、壱岐四十五歳。決して、若くはない。彼はこの歳まで何をしていたのか？　帝国陸軍の軍人。それも超エリートの。陸軍幼年学校、陸軍士官学校、陸軍大学校をいずれもトップクラスで卒業し、若くして、統帥の中心である市ヶ谷三宅坂の大本営陸軍部の参謀になった。それも超エリートだけがなれる作戦参謀である。昭和二十年八月十五日、大日本帝国は敗戦した。その日、梅津参謀総長（陸軍の用兵・作戦面でのトップ）から、直々の特命を受けた。飽く迄日本帝国の敗戦を認めず、満州に侵攻してきたソ連軍と戦おうとする関東軍を、説得しに行けという命令である。関東軍とは、対ソ戦に備える為に満州国に駐屯する軍である。時代に因って数は違うが、敗戦時は七十万前後であった。参謀総長の命令は必ず復命しろであった。詰り、現地で捕虜になったり死ぬのではなく、生きて帰り報告しろというのだ。

壱岐中佐は、混乱の極み状態の日本を後に、翌十六日、小型機で満州の関東軍総指令部に着き、関東軍総司令官山田乙三大将、総参謀長秦彦三郎中将以下総司令部の参謀達の前で、大本営梅津参謀総長の停戦命令を伝え、侵攻してきたソ連軍に降伏することが、聖旨（天皇の思し召し）に添い奉る道であると進言する。多くの参謀連中は憤懣やる方ない体で息巻き、中には大本営特使の壱岐中佐を切ろうと軍刀をかざす者までいた。山田総司令官や秦総参謀長はそれを押え、何よりも聖旨に添い奉ることが帝国軍人の道であると諭す。かくて、特命を果し終えた壱岐は、復命の為に日本本土に戻ろうとするが、その時、突発事態が発生した。この辺は少々こじつけがましいが、ドラマとしては盛り上る。

現地の関東軍に残った壱岐正は捕虜としてシベリアに連行され、そのまま長い抑留生活が始まった。その年月、実に十一年――。

山本薩夫監督に因る『不毛地帯』は、勿論、商社間の手段を選ばない汚い手を使った、激烈なる次期主力戦闘機売り込み合戦を描いていて、就中（なかんずく）、四十五歳でその渦中に身を投じた男の生き様が最ものメインテーマである。壱岐正を壱岐正たらしめているものは、一体、なんなのであろうか？それは取りも直さず、シベリア抑留体験である。極寒の地での重労働。極めて乏しい食料。課せられる過酷なノルマ。拷問に近いソ連当局の容赦なき尋問。抑留日本兵同士間の想像を絶する反目。弱き者は次々と倒れて無惨にも凍土に屍を曝し、辛うじて生き長らえている者も、最早、人にあらずして宛ら（さながら）餓鬼同然であった。

シベリア抑留は軍人の他に民間人も含まれ、勿論、正確な人数などは判らないが、大凡（おおよそ）その数六十四万人に及び、そのうち実に六万二千人余が、ラーゲリ（収容所）や労働中に死亡したのだ。ラーゲリは極東北域を中心に、ソ連邦内に約二千ヵ所もあった。このソ連のシベリア抑留は、明らかにハーグ条約違反である。陸戦法規を定めたハーグ条約には、次の様な一文がある。「将兵を自国に連行し、戦争状態を終結しているのに使役に使ってはならない」（傍点は鈴木）

日本国民一般は戦後ずっと今に至るも、反ロシア感情は強いといえるだろう。彼（か）の地で強制労働させられた当の本人や妻子、更には、無念にも極寒の地で亡くなった人々の縁者らは、正に、怨み骨髄に徹する――、である。映画『不毛地帯』は前半部で一応それを描いている。今度この愚論を書く為にＤＶＤを入手してじっくりと見たが、そこの処が実に甘い描写に終始しており、壱岐中佐が、ソ連当局からの連日の様に拷問紛いの屈辱的な尋問を受ける様子は、辛うじて少しは描かれているのだが（それも甘いといえば甘いのだが）、他の日本軍の将兵達の重労働や食料不足や拷問などは、全くといってよい程描いてはいない。画面から感じ取れるのは、ソ連の一般兵の底抜けな迄のあきれる野放図さや、何事にもこだわりを持たない驚く可き放埒さや、ウオッカと黒パンさえあればこの世は天国といわんばかりの楽天主義振りで、私にはそこに、一種のロシア人的気質へのオマージュに近い感情を感じて仕舞うのであり、更に書けば、何処かに世界で最初の共産主義革命を成し遂げた、ロシアに対する鑽仰らしきものを感じる。平等なる国、民衆が主人公の国、権利が公平なる国……。プロパガンダは強力なる武器そのものである。

山本薩夫は左翼運動に加わって早大を退学し、昭和八年松竹蒲田に入社したが、昭和九年に師である成瀬巳喜男と一緒にＰＣＬ（東宝の前身）に移籍している。戦後昭和二十三年の東宝争議で退社し、以後、自分のプロダクションを設立してフリーの監督になった。彼は自他ともに認めるオールドマルキストである。であるから、山本薩夫の視点は終始一貫してマルキストのそれではあるのだが、平板な公式論的なつまらなさを極力廃して、或いは出来る限り見せない様にして、観客達の娯楽心を巧妙に擽る術(すべ)を心憎い程十全に知り尽くしている。

それはあざといといえる迄に巧みで、笑ったり、泣いたり、怒ったりしているうちに、或いは、エロチックな場面で助平心（!?）を抱いたりしているうちに、何時の間にか彼の思想に絡め取られている。決して声高には〔政治〕を語らないし、決して露骨には〔主義〕などは主張しない。娯楽に徹している。否、娯楽に徹しているかの様に見せている。

映画『不毛地帯』では、少しばかり知識のある人ならモデルとなった実在の人物は容易に想像が付く、特に、暗躍した政治家達はその肩書や言動から直ぐに判るし、なかでも、〔悪の巨魁〕などはソックリさんまで登場して笑いを誘ってくれる。特に、二、三シーンしか出てこないのだが、反っ歯で知られる当時の首相のソックリさんは、思わず失笑して仕舞う程の面白さがあるのだが、余りにもカルカチュアが行過ぎている為か、却ってリアルティーを欠く感がある。後期の彼の作品にはよくこれが認められた。山本薩夫の映画の多くは、この様な物事を極単純化して正邪いずれかと簡単に二分して仕舞う傾向が色濃く、見たその時には笑いを誘う面白さではあるのだが、人物や事象を深く考えさせる陰翳感に乏しい故、作品の持っていた真のテーマを矮小化させる怨みがある。

物事や人間は簡単に二分化出来る程に単純ではなく、多くは混沌として実に曖昧模糊なるものであり、絶対善も絶対悪もありはしないのだ。極極悪人といわれている人でも、考えられない様な神の如しの善行をする時もあり、聖人といわれている人でも、悪魔の所行かと考えるしかない様な行為をする時もあるのだ。詰り、本来人なるものは摩訶不思議な存在なのである。人間は矛盾の直中のうちに生きているのであり、善でもあり悪でもありというカオスが根本ではなかろうか……。

山崎の小説『不毛地帯』は、山本薩夫に取って映画化し易い絶好の素材であった筈だ。時の政権党である自民党の政治家達が巨額の金を巡って暗躍し、巨大商社は有無をいわさぬ強引さで次期主力戦闘機を売り込む。小説でも映画でも仮名（殆ど、実名と同じであるが……）ではあるが、誰が見たって実在のそれらは判るであろう。近畿商事は伊藤忠商事であり、そのライバルの東京商事は丸紅であり、更に米国の航空機メーカーは、ラッキード社は勿論ロッキード社でその戦闘機はF－104、ライバルメーカーはグラント社としているが、無論それはグラマン社でその機種はF－101である。

その他、三菱商事や住友商事や三井物産も出てくる。勿論、それらも直ぐ判る仮名にしているが。

そして、彼らが売り込もうとしている米国戦闘機の直ぐ判る仮名も出る。何が何でも売り込もうとする巨大商社、汚い裏金で国家までも売る政権党の政治家、明晰な頭脳を強か(したた)に駆使して画策するキャリア官僚、保身を常に考えて立ち回る自衛隊幹部。山本薩夫には、是非にも映画化したい素材と思えただろう。

この『不毛地帯』という映画は、奇しくも、昭和五十一年に制作されている。この年、前首相が五億円の収賄容疑で起訴されるという前代未聞のことが起こった。〔ロッキード事件〕である。彼の名、田中角栄。これは軍用機ではなく、民間の旅客機の売り込みに、現役の首相が賄賂を貰って関与したものであった。世間は囂々(ごうごう)たる非難の声で溢れたのだが、山本薩夫にはその非難の声も追風になったのであろう。壱岐正のシベリア抑留を描くよりも、昭和三十年代半ば当時の総合商社や政治家達や官僚達の底なしの腐敗を、より強く描くことに心を砕いたのではないか。その方が、当時現実として起っていたロッキード事件を、より浮彫りにさせると考えたのでは……。その辺りに山本薩夫の政治信条を垣間見る。彼の政治信条が一番よく現われているシーンが、壱岐の高校生の娘（秋吉久美子）が面と向かって壱岐を詰る(なじ)シーンである。少し長いが書き出してみる。

「おとうさんはこの間の新安保成立の為に、政府が私達に何をしたかお忘れになったのっ。二度と戦争したくない、してはいけないというのが国民の願いよっ。だから皆立ち上がったんじゃあないっ。労働者も学生も。それを政府は何をしたの。警官を国会に入れたり、アメリカ大統領を呼んで力を借り様としたり。それだけじゃあない、右翼と手を組んで政府は民主主義を私達の血でけがした上に踏みにじったのよっ。新安保条約なんて私達認めないわ。ジェット戦闘機なんて私達誰も欲しいとは思っていないわ。おとうさんの様な父親を持って、私恥ずかしいーっ」

〔60年安保〕（昭和三十五年）と称された一大政治運動は、労働者、学生、左翼知識人達の大デ

モ隊が十重二十重と国会を取り囲み、彼らは口々に「アンポ反対ーっ、岸倒せーっ」と連日叫び、日本中は大混乱となった。結果、岸内閣は倒れた。恐らく、山本薩夫も進歩的文化人の一人として、そのデモに加わっていただろう。デモに加わらない輩は、保守反動と見做されたのだから……。〝秋吉久美子〟の叫びは、山本薩夫の叫びでもあるのだ。

ここからは、冒頭に記した衝撃的事実に就いて記す。映画館で『不毛地帯』を見てから四十年近く経った今、再びこの映画を是非にも見たくなった要因は、実にこの人物の書いた驚きの一文に因る。『不毛地帯』の主人公壱岐正なる人は、果して、如何なる実在の人物がモデルになっているのか？それは衆目の一致する処、伊藤忠商事の会長にまでなった瀬島龍三元陸軍中佐である。瀬島龍三の歩んだ軌跡は、細部に於いて違いはあるものの多くの点で壱岐正のそれと一致する。尤も著者の山崎豊子は、「シベリア抑留体験を持つ、多数の元関東軍将校を含む三百七十七人に取材した」と答えているし、「壱岐正の人物像は、瀬島だけでなく、何人も軍人のイメージを重ね合わせて作り上げたもの」とも断わっている。

当時まだ生存中であった瀬島は、世間に根深く流布した——壱岐＝瀬島説——に対し、取材した記者に対して、「私はあの書を読んでいない」と答えている。山崎も瀬島も表面的には壱岐＝瀬島説を否定しているし、『不毛地帯』で描かれた主人公の軌跡には、瀬島自身の人生の歩みとは違う描写もしばしば見られるのではあるが、それでもなお、トータルとして考えてみると、壱岐正は瀬島龍三自身と重なるといわざるを得ない。

ここに一冊の本がある。衝撃的一文に就いて書く前、この本に関して書く。『瀬島龍三　参謀の昭和史』。昭和六十二年、文藝春秋から発行されている。著者は、昭和史、特に軍事史や日本軍の戦闘に詳しい、ノンフィクション作家の保阪正康である。この本が発行された昭和六十二年当時は、瀬島の幼少時代を知る地元の人々や陸軍幼年学校、陸軍士官学校、陸軍大学校などの同級生、更には伊藤忠商事の社員や元社員、陸軍の先輩後輩の将校、シベリア抑留経験者、様々な団体の要人などといった瀬島と多少とも関わりを持つ人々が多数生存しており、保阪とそのスタッフ達は、彼らに片っ端から話を聞いたのである。

保阪とそのスタッフ達は、精力的な取材振りをみせ、瀬島龍三の光と影を鮮烈に炙り出していく。いや、より正確に記せば影の中の影ともいえる最暗部だ。最早、与えられた紙幅も尽き様としている。急げ。ずばり書く。――関東軍作戦参謀瀬島龍三中佐は、ソ連軍との停戦協議の場で、六十万余に及ぶ日本軍将兵や民間人のシベリア抑留に同意した。彼ら六十万余の軍人・民間人は、〔国家賠償〕として、ソ連邦に売られた――、というのだ。実はこの話は、終戦直後からずっと噂話としては密やかに語られており、私も他の著書から少しは知っていたのだが、保阪正康は数多くの人物にインタビューをして、それをじっくり炙り出している。

保阪は決して断定的にそうだと決め付けてはいないのだが、インタビューした人物達の言葉から、更には残されている当時の資料類など、そして遠く米国にまで飛び、昭和二十年代に米国が取った占領政策の細かい資料まで漁り、――停戦協議に当った瀬島中佐らに因る、日本将兵シベリア抑留国家賠償説――を、濃厚に感じざるを得ないとの筆致で書いている。では、当の瀬島は、その問題を如何に釈明しているのか？　平成七年に瀬島は産経新聞社及び扶桑社から、回想録『幾山河（いくやまかわ）』を出しているのだが、当然、その中で完全に密約説を虚構と否定し、関東軍総司令官の山田乙三大将も、ジリコーウォでソ連軍と停戦協定を結んだ関東軍総参謀長の秦彦三郎中将や、自分自身〔瀬島龍三関東軍作戦参謀）にも、勿論、そんな権限はないし、更には、相手側のソ連極東軍総司令官にも、ソ連当局からそんな権限は与えられていなかった、と記しているのだが……。

密約説を主張したのは、主に、全国戦後強制抑留補償要求推進協議会という団体、通称、全抑協と称されているシベリア抑留者で作る団体である。昭和二十年八月十九日、極東ソ連軍と関東軍の間で停戦の協議がおこなわれた。日本側は秦総参謀長、瀬島作戦参謀、それにロシア語に堪能なハルビン総領事官宮川舟夫、ソ連側はワシレフスキーソ連極東軍総司令官以下の五人の元帥、そして数名の彼の幕僚達であった。交渉した日本側三人のうち、秦中将は昭和三十一年帰国したが三十四年に多くを語らず病死しているし、宮川ハルビン総領事も昭和二十五年ソ連のラーゲリで病死している。

瀬島は書いてきた様に、その後は商社マンとなって副社長や会長などを歴任し、更には臨時行政調査会という政府機関で重要な地位を占めるに至る。それは前に設けられたものと区別する為、〔第二臨調〕といわれた。所謂、〔土光(どこう)臨調〕である。そこでも瀬島は他の委員を押えて、絶大な力を奪っている。瀬島は平成の世まで長く生きたが、自身の十一年間のシベリア抑留体験や全抑協の人々が指弾する密約説に就いて、通り一遍の話や短い反論だけに終始していて、多くの人々が知りたいと思っている事柄にきちっとは答えていない。保阪が『瀬島龍三　参謀の昭和史』を書き上げている時、瀬島は彼のインタビューを長い時間受けているのだが、そこでも本質的質問には答えず、通り一遍の回答に終始していた。

瀬島は例の〔極東軍事裁判〕にも、ソ連側の証人としてわざわざ抑留中のソ連から連れてこられ、裁判に出廷させられているのだ。小説『不毛地帯』では、そこが前半の大きなヤマ場の一つになるのだが、何故か、映画『不毛地帯』では全く描かれていない。因みに、近年放送された唐沢寿明主演のテレビ版『不毛地帯』では、そこの処の葛藤やシベリア抑留の想像を絶する苦悩などが、可成り精緻に描かれていたのだが……。矢張り、オールドマルキストの山本薩夫では、そこまで望むのは所詮無理な注文なのか？

なお、この愚論の冒頭に書いた昭和二十年八月十九日の瀬島中佐の話は、保阪の著書や瀬島の自伝やワシレフスキー元帥の回想録、更にはその他の資料を参考にして、私が想像して書いた戯文もどきの一文である。

ようようにして結びに辿り着いた。私が四十年近く前に見た映画『不毛地帯』を再びじっくりと見たいと思った真の理由である。昨年十月に発行されたさる月刊誌であるが、その十月号の主テーマは必ずしもそれではなかったのに、表紙に堂々とそのタイトルが書かれていたのだ。曰く、――瀬島龍三はソ連の「協力者(スリーパー)」だった――。正に、驚愕。それを書いた人物は、決して好(い)い加減(かげん)な立場にいた人物ではなかった。彼の名は佐々(さっさ)淳行(あつゆき)。中曽根内閣で内閣安全保障室長を務めた人物であるが、元々は警察畑出身で警視庁外事課長や警備課長などを歴任して外務省に出向して香港領事、更には防衛施設庁長官などになった人物である。

所謂、キャリアの警察官僚で、東大安田講堂事件や連合赤軍浅間山荘事件の総指揮をしたのが有名であるが、浅間山荘事件は彼の著書を元に、役所広司主演で映画化されている。尤も、その映画は案外つまらなかったが……。佐々には数多くの著書があり、私も四、五冊は読んでいる。彼の自慢たらしい書き振りは少々嫌味で気に入らないのだが、扱っている内容には、彼の専門性が滲み出ていて何れも大変参考になった。佐々はスパイやテロや情報の専門家で、カウンターパートナーである各国のスパイ対策やテロ対策当局の幹部とも、信頼出来る関係を築いているのだ。例えば米国ではCIA・FBI、英国ではMI6、イスラエルではモサド、更に、ロシアではKGB（!!）まで……。勿論、ギブ・アンド・テイクであり、特に友好国ではない国とは、それなりの駆引きがあるのだが……。情報戦争は複雑怪奇なのである。

　そんな佐々淳行が、あの瀬島龍三をソ連の協力者（スリーパー）だったとはっきり断定した事実に、しばし驚いた。彼は警察庁や警視庁の外事や公安などの部門を歩き、しかも警視監（けいしかん）（その上の階級は、警察庁長官と警視総監の二人だけ）という最高幹部の一人であったのだ。であるから、警察庁や警視庁の最高機密を知り得る立場にいた筈だ。

　日本に於けるソ連に因るスパイ事件は数多く起こっているが、佐々は、〔ラストボロフ事件〕に瀬島龍三の影を見ている。このスパイ事件は、昭和二十九年、駐日ソ連大使館のラストボロフ二等書記官が、米国に政治亡命したのが事件の発端だ。彼の表の顔は書記官であったが、その裏の顔は、ソ連内務省所属の陸軍中佐で、秘密裏に日本での諜報活動をしていたのだ。ラストボロフ中佐は、日本での諜報活動を米国当局に総て自白した。

　七ヵ月後、日本で奇妙な反応が起こった。警視庁に二人の旧日本軍軍人が自首したのだ。志位正二元少佐と朝枝繁春元少佐だ。志位元少佐は関東軍第三方面軍情報主任参謀、朝枝元少佐は大本営情報参謀で敗戦時に関東軍に出張していた為、そのまま捕虜になりシベリアに抑留されていた。志位元少佐は戦後、外務省アジア局第二課に勤務していた、れっきとした外務省職員であったのだ。ラストボロフの自白したスパイ網には、三十六人の日本人が関わっていたらしい。多くはシベリア抑留体験者や彼らにリクルートされた人達である。問題の瀬島はこの当時まだシベリアに抑留されていて、この事件には直接関係はしていない。が、志位元少佐と朝枝元少佐が警視庁に逮捕されると、真贋合わせて様々な情報が飛び交い、シベリア抑留の赤裸々な実態を語ったり出版する者が次々に現われた。（それまでもあったが……）

若きキャリアの佐々（恐らく、警視であっただろう）は、この頃、最終的段階に入っていたラストボロフ事件の、洗い出し捜査の継続を命じられていた。（佐々はスパイ網の洗い出し捜査を、〃残党狩り〃、〃落穂拾い〃と書いている）その捜査の中で瀬島に注目した。その頃、日本に帰国した瀬島は伊藤忠に入社してサラリーマンになっていたが、佐々は捜査の中で瀬島とソ連との徒（ただ）ならぬ関係をしばしば感じる様になり、その事実を最トップに上げた。それは捜査している外事課の総意でもあったが、何故か、最トップはその上申を却下して仕舞った。

佐々は今でも瀬島はソ連軍・ＫＧＢのアクチブ（活動分子）であり、スリーパー（協力者）であったと確信している。シベリア抑留者の中にその様な人物は数多く存在したのは事実であったが、彼らの横の関係はソ連当局から固く禁じられていた為、果して誰がアクチブであるかは彼ら自身にも全く判らず、唯々、ソ連からの連絡を待つのみであった。スパイは孤独である。紙幅がいよいよなくなった。急げ急げ。昭和六十二年、東芝機械のソ連への工作機械不正輸出事件が発覚した。これも相談役に退いていた瀬島の裏工作があったと断定している。極々簡単に記せば、この不正輸出で、ソ連海軍の潜水艦のスクリュー性能が各段に向上したのだ。私はこのココム（対共産圏輸出統制）違反事件を、明確に覚えている。当時、世界から日本はスパイ天国といわれていた。佐々が、瀬島をソ連のスリーパーだったと自信を持って断定しているのは、彼の長い警察官僚や情報管理者としての体験からだろうが、勿論、世間に公開された様な明々白々な証拠は上っていない。尤も、その様な明白な証拠を残す様では、決して、一流のスパイとはいえないのだが……。

映画『不毛地帯』を再び見て、壱岐正に就いてじっくりと考えた。否、正確には瀬島龍三をだ。

大本営参謀、関東軍参謀、伊藤忠会長、経済界重鎮、中曽根首相有力ブレーン。実に数奇な人生を歩んだ男は、多くの謎を残したまま生涯を終った。果して、将来、その謎は明らかになるのであろうか？

（２０１４年９月）

任侠と〝老惨〟

衝撃が走った。衝撃が奔った。衝撃が飛んだ。衝撃が跳んだ。どんな漢字を使ってもそれは正に衝撃であった。思いもしない大衝撃であった――。

片田舎に逼塞している阿呆なおっさんの感受性は、驚く程の恐ろしさで磨滅して仕舞い、世の中で日々起っている大抵の事柄には大して驚かなくなり、各所で火山が噴火しても、各地で地震が頻発しても、メルトダウンした原発から未だに廃液が流れ出ても、長年に渡って大誤報を放置した大新聞社の社長がやっと辞任しても、「ああっ……そう……」ぐらいのいとも軽い反応であって全く驚きはしないし、更には、アラブの一画に丸で七世紀然とした似非(えせ)宗教国家らしき地域が出来かかろうが、広大な国土を誇るロシアや中国がその強大な武威を以て帝国主義化して行こうが、米国の次の大統領選にクリントン元大統領の女房や、ブッシュ元大統領の弟が出馬の動きを見せ様が、これまた「ああっ……そう……」程の極々軽い応答しか出てこないのだ。

若い頃の私であったなら、記した事象の如きには立ち所に反応したであろう。己がそれらの事象に対して、果して、曲りなりにも正しい見識を持っているかどうかを全く熟考もしないで、立ち所に反応して賢しらに延々と多弁を弄したであろう。それに因って、手酷いしっぺ返しを食らう事もしばしばではあったのだが……。

その様な事を数多繰り返しながらも、性懲りもなく、再三再四に渡って同じ事を演じて仕舞うのである。正に、慣性と成る――、である。所が所がであるが、全くのおっさんに変り果てて仕舞った現在、世界で起こっている様々な大変な事象にかくも無惨極まる反応を見せるとは――。当り前であるが時は残酷である。当り前であるがもう若くはない。当り前であるがおっさんもおっさんである。

何せ、昨年の秋に年金事務所から書類が送られて来、今年の始めにその手続をしたのだ。世間も認めた立派なおっさんその物。大昔の事であるが、彼の日活スター宍戸錠がテレビのバラエティー番組で、「エースの錠も遂に年金を貰う歳になりました」と戯け、その絶妙な滑稽振りに大笑いしたのだが、とうとう私もお上から年金を支給される歳になって仕舞ったのだ。『噫　無情』（私はジャン・ヴァルジャンか!?）。お上も私の様な偏屈者にも、善いおじさん同様に支払うのだから大変だ。

今年から年金詐偽に気を付けねば……。昔から拙宅にはあらゆる種類の詐偽電話が掛かって来るのだが、寧ろ私はそれらを楽しんでいて、（掛け子）のにいちゃんやねえちゃんを長い時間かけてねちねちといたぶってやる。すると、彼らは必ずの様にボロを出す。おっさんの若者いじめはたまらなく楽しいのだ（!?）。私は『いじ悪じいさん』か……。話があらぬ方向に逸れて仕舞ったので元に戻す。感性の磨滅に就いて。更には冒頭に記した衝撃の内実に就いて。

三十代前半の頃から大病を患い、五十代半ばまで何度も入退院を繰り返した。それ以降、完治した訳ではないがもう入院は選択肢から外した。体はほとほと衰弱し始めているが、その衰弱の極みに居直る事に決めた。何ひとつ満足には出来ない。大病を患い始めた頃から、いや本当はもっと以前から『シネマ気球』に再三記している如く、私には絶えて映画なる代物はない。映画館は元より、ビデオやＤＶＤも殆ど見ないし、テレビ放送される映画も余程の事がないと見ない。第一、私の部屋のテレビは昨年の夏から故障したままである。尤も、正確にはテレビの故障ではなく、アンテナからの配線に不具合が生じたのであるが、どうせ余り見ないのだから未だにそのままにしてある。

　別段、私は外界との関係性を無理に断ち切った訳ではないのだが、外で起っている事象に若い時の様に鋭敏には反応しなくなり、大抵の出来事には「ああっ……そう」ぐらいの所でいとも呆気なく終って仕舞うのであるが、かといって、内界、詰り私の思考や感情や情動に依拠してより深く沈潜をしてとことん黙考するでもなく、唯々、無為に任して過ごしているだけである。まあ、それが歳をとったとゆうことであるといわれれば、それまでだが……。

　生来なかった感性が歳を取ってじじいになるにつれ益々鈍磨し、外界・内界ともにその認識力は己でも驚く程の無惨さである。俳聖・松尾芭蕉の有名な一句ではないが、――むざんやな　甲(かぶと)の下の　きりぎりす――である。（てえと、私は斎藤別当実盛(さいとうべっとうさねもり)か……。そんな善い者である筈がない）私は飽く迄、唯の無惨やなである。

　私とて、その様な無惨さの極みを生きている今の己の情況を、手を拱いてそのまま座視している事に歯噛みする程の焦りと気が触れんばかりの懊悩を抱いていて、何とかして現状を打破せねばと四六時中試行錯誤しているのだ。折りも折り、一筋の光明らしき物を見い出した。〔高倉健の死〕だ。そして〔菅原文太の死〕だ。

　東映任侠映画を長きに渡って支えて来た二人の死は、マスコミでも大きく取り上げられ、テレビ・新聞・週刊誌は勿論、文芸や政治や経済を論ずる硬派な月刊誌までもが、長大な特集を組んで彼らの人物像や出演した作品をあれこれと書いた。視聴率が取れると見込まれたり、多くの発行部数が予想されるとなると、各社、我も我もとその競争に先を争って参加し、結果として驚く程多量の〔高倉健論〕と〔菅原文太論〕が出回った。私もその極々一部を見たり読んだりした。

感心した一文や一論あり、不快に思う一文や一論ありであったが、改めて、彼らの存在の大きさや東映任侠映画の世に与えた大きさを認識した。私に取ってはそれらテレビ番組や各論文も大きな意味を持っていたのだが、それ以上に意味のある一件があった。デアゴスティーニ・ジャパン社から、『東映任侠映画　傑作DVDコレクション』なる小冊子付きのDVD集が発売された事である。恐らく、高倉健の死がそうさせた遠因になったのであろう。その創刊号から直ぐに買い求めた。当然としてその創刊号は、高倉健主演の『網走番外地』シリーズの第一作目。

以後、藤純子主演の『緋牡丹博徒』シリーズの第一作目と続き、次が高倉健の二大ヒットシリーズの一つ『昭和残侠伝』の第一作目、その次が『続網走番外地』と続くのであるが、この原稿を書いている時点で、十三号目の『昭和残侠伝　一匹狼』まで出ている。都合十三本出ているのだが、早い話、『網走番外地』・『昭和残侠伝』シリーズの高倉健か、『緋牡丹博徒』シリーズの藤純子かの二人の主演作品のみである。私としては、一番好きな鶴田浩二の主演作品が一本もないのが寂しい限りである。何でも鶴田の主演作品は八月四日になるそうで、それも東映任侠映画の中で一番の傑作と呼び声の高い、あの『博奕打ち　総長賭博』になるらしい。

『網走番外地』・『昭和残侠伝』・『緋牡丹博徒』の各シリーズも、その主題歌は何れも大ヒットした。いや、あの主題歌があったからこそ作品が大ヒットしたともいえる。二人とも決して上手いとはいえないのだが、高倉健が唄う所の両シリーズの主題歌を聞くと、何とも切ない悲しさが込み上がって来るし、藤純子が唄う所の『緋牡丹博徒』の主題歌は、痛々しい程に可憐な頼りなさに溢れ、その下手くそではあるが可憐で頼りなき痛々しさが、最後、敢然として殴り込みに向かう刹那に流れると、観客の昂揚感は彌が上にも昂り、来たる可きカタルシスへの大いなる誘い水になっている。

上手い下手の問題なのではなく、観客達の情念を激発させるかどうかの問題である。高倉や藤が憤怒の極みに達した次の一瞬、その苦悶を見せる相貌を〝嘲笑う〟かの様な〝狡猾さ〟で、殴り込みへの誘い水となる主題歌のイントロが流れ出す。そのイントロは、丸で「征けっ、健!!」「征けっ、純子!!」と誘っている様であり、更にいわば「惨殺せよ!!」「テロルのだ!!」と指嗾している様でもあるのだ。そしてそれは同様に、観客達にも二人を殺戮の修羅場へと誘導せよと暗に求めている。そこで始めて、画面の中だけではなく、観客達とも〔連帯成立〕となるのである。あの主題歌は、我々を〔共同正犯〕へと落し込む為の誘い歌なのである。

そして必然として不死身である健と純子は、連帯の同志の力も借りて殺戮の限りを尽して宿敵奴ばらを皆殺しにし（多くの場合、連帯の同志は主人公を助ける為に死ぬのだが……）、最後は駆け付けた官憲に捕縛されるか、深く傷付いた身を引き摺りながら何処へともなく去って行く。何たる定番。何たる無意味。何たる惨劇。

彼らの殺戮に因って辛うじて守られたかに思える〔細やかな共同体〕も、恐らく、そう長くはその安寧は続かないであろう。既に、危うさの芽は、正義然として蒔かれた種にこそ宿っているのである――。噫、全くとして救い様のない物語。これは全くの悲劇でしかないのであるが、若し神が存在するのであれば、絶対者の御眼には喜劇としか映じないであろう。あの時期、一群の東映ヤクザ映画に何故にあんなに熱狂したのであろうか？　それらの答は多くの映画関係者達、取り分け、東映ヤクザ映画を多く見ている有名な映画評論家達、更には、文学・政治学・歴史学・社会学・文化人類学などを専門とする学者・評論家達からも陸続として出されている。

今更この場で私の幼稚な答をいけしゃあしゃあ開陳しても、読者諸兄は鼻白むだけであろうし、縦んば蛮勇を振って私の稚拙な解答を書いても、どうせそれは、上記した碩学達の下手な真似事の論にしかならないであろう。であるから、読者諸兄は私が如何に東映任侠映画にのめり込んでいたかだけを知っていて貰いたい。

若き日の一時期、東映ヤクザ映画を見なければ夜も日も明けずの日々を過ごしたのだが、それ迄の私は高校を卒業する迄ずっと［ムラ社会］の中で過ごして来た。私は何時の頃からか隠微な因習に色濃く染まるムラ社会に耐え難き程の嫌悪感を覚えていて、何としてもそこからの脱出を望んでいた。東京の学校への進学も、勉強し様とする気持ちなどさらさらなく、このムラ社会の堪らなさから逃げる事が出来たらと思ったのが本当の所だ。

ジャンズ高鳴る花の大東京（うんっ、私はフーテンの寅さんか……）は、本当に何も彼も素晴らしかった。私は〝解放〟された。東京には何でもあった。大東京に痛く刺激された私は、回りからの影響もあり、この際一つ大インテリ（!!）になろうと決心した。事実、私の回りには真のインテリもインテリ振る奴も多くいた。彼らと酒を飲んで話す事で、私もインテリの端ぐらいには仲間入り出来るのではと、そこはかとなく思い始めていた。華の大東京新宿の有名書店紀伊國屋で、難解この上ない書籍類をこれ見よがしに購入したり、観念に観念を上塗りした抽象的語彙が飛び交う政治集会に興味本位に参加したり、更には、理解するのに一方ならぬ難渋を強いる映画も無理して見に行った。

当時購入した書籍はもう我が家の何所にあるのか判らないし、参加した政治集会で飛び交った難解な語彙は、それを十全に理解する前に疾うに忘れて仕舞っているのだが、見た映画は辛うじて覚えてはいる。ベルイマン、フェリーニ、ゴダール、パゾリーニ、大島渚、松本俊夫、実相寺昭雄、足立正生……。今となっては誠に懐かしい監督達ではあるのだが、さて、彼らが真に観客達に訴えたかった事は何なのかとゆう事は、私の凡庸な頭脳では判り兼ねた。今でも、彼らの発した鮮烈なるメッセージを十全には理解出来ないでいる。

上京当初はそんな難しい映画ばかりを追っ掛け、その度に判らなさに呻吟した。そんなある日。難解映画に疲れ果て、気分直しの極々軽い気持ちで東映の直営館に入った。当時東映はヤクザ映画だけでなく、所謂ポルノ路線も進められていて、代表的なのは梅宮辰夫主演の『ひも』シリーズ・『不良番長』シリーズ・『帝王』シリーズなどがあり、更にはえげつなさとポルノ度をより増した池玲子主演の『女番長(スケバン)』シリーズや、恐らくピンク映画界から引っ張って来た女優達や、倒産した新東宝映画の残党スタッフ達を使った、何とも奇妙奇天烈などポルノ映画を可成りの数製作していた。

今でも忘れもしない名(迷)ネーミングがある。曰く、『温泉あんま芸者』。曰く、『現代ポルノ伝先天性淫婦』。曰く、『温泉スッポン芸者』。曰く、『エロ将軍と二十一人の愛妾』。曰く、『東京ふんどし芸者』。もうこの辺りで辞めるが多くはこんな珍無類な題名で、出演していたのは先に上げた池玲子を始めとして、杉本美樹、女屋実和子、賀川雪絵、池島ルリ子、そして私が大好きだった、新東宝の生き残りである大年増三原葉子。こんな珍奇なネーミングを考えた人物を、無条件で大尊敬する。流石我が愛する東映。実は私が東映の直営館に入ったのは、東映任侠映画を見たいとゆうより、併映されているポルノ路線の方を見たかったのが真実である。その時併映されていた任侠映画は確か高倉健主演の作品であったと思ったが、その後、次々と余りにも多くのヤクザ映画を見た為か、もうその正確な題名は覚束ない。

東映ポルノを見に入ったのだから、勿論、それに欲情の焔を煽られたのは当然であるが、それよりも健さんのヤクザ映画に総身が騒めいた。「何てカッコいいんだっ――」。正に漢(おとこ)であった。秘めた決意が巧まず浮き上る苦悶の相貌。敵が何十人何百人おろうと殲滅し得る強靭なる肉体。親不孝を承知の上で入れた刺青(スミ)の何たる華麗。総ての者が「不幸」にしかならない絶対的な不条理に、そんな事は端っから百も承知とばかりに白鞘或いは日本刀或いはドスを抜き放ち、背(せな)の刺青を血吹雪に染めながら悪鬼羅刹の如くの大殺戮を敢行する。健は極まりなく美しい殺人マシーンと化す。何人も彼には敵わない。何人も彼を制止出来ない。何人も彼を刺殺出来ない。

何たるカタストロフであろうか。誰もが不幸にしかならない結末の何たる美しさ。健はヤクザであってヤクザでない。救世主である。先に書いた様に、彼に因って辛うじて救済されたかに思える細やかな共同体は、次の破綻が既に芽吹き始めていて、勿論、彼もその事を感じ始めているし、更には回りの善人達もその全員が薄々感じている。そこには何らの救いの影すら見い出せない。が、無償の或いは無垢の大殺戮の限りなき美しさは、健の至純性の故を以て、否、至純を真底全うし様とする彼の意志の強烈さに因って、至高の気高さと完全に純化されるのだ。それにしても、何故にこの様な「美しき不条理劇」が次々と出来たのであろうか……。

東映任侠映画に全き魅了されて仕舞った私は、それから次々と丸で狂った様に毎日の如く見始めたのであるが、都心の封切り館ばかりか場末の二番館三番館四番館は疎か、遠く神奈川や埼玉や千葉くんだりまで、面白そうで未見の作品があれば足を運んだ。その頃には学校には殆ど行かなくなっており、昼は映画の闇が居場所となり、夜は専ら安い飲み屋が居場所となっていた。

明らかなる堕落であった。私の家は貧乏な家庭で、親父は安月給の中から仕送りをしてくれていた。送られて来る金額は生活するのにぎりぎりの額であったから、そんな自堕落の見本の様な生活をすれば忽ち生活は成り立たなくなり、嫌々ながらも必死の思いでバイトの口を捜した。見付けたバイトは夜の九時から次の日の明け方までの仕事で少々きつかったが、千九百五十円と当時としては割に金額も高く、生活も逼迫していたので兎に角その仕事に潜り込んだ。

そのバイト先で知り合いになったのが、忘れもしないこの小冊子の編集長であるS氏と同人のK氏である。三人とも無類の映画好きだったので直ぐに親しくなり、あれこれ映画の話ばかりをしたのだが、その時から何十年も経て仕舞った今、私が現在でも強烈に思い出すのは、始めて会った時の彼らの風体である。S氏は［下町の日比谷高校］(日比谷高校は昔の府立一中で、東京随一の旧制中学の超名門校）といわれた、戦前の府立三中の流れを汲む彼の名門両国高校の出身であるのだが、その生粋の江戸っ子である筈の彼が、私服から御仕着せの粗雑な作業着に着替える時、私はしばし唖然としてS氏をずっと見詰めていた。何と何と、彼はスラックスの下に、正に正に縮みのステテコ(!!)をはいていたのである。唖然、呆然、凝然。

私は前記した様に静岡のど田舎の生まれで高校までずっとそのムラ社会で育ったのだが、そんなど田舎の青年の認識でもステテコなどはじいさんかおっさんしかはかなく、若者はそんな恰好の悪い一物ははく可きではないと思っていたのだ。S氏は私を始めとするバイト連中の好奇の視線ももものかは、何の動ずる素振りも見せず悠々として着替えをし、それが終ると平然として作業手順や雑談の輪に加わるのだ。

私は何のきおいもてらいも見せず自然体に振舞う氏に、一方ならぬ好感を覚えた。〝東京の田舎者〟は、あの名門両国高校出のシティーボーイであった。尤も、ステテコは現今、新たに生れ変って斬新化され、外国人観光客や若い女の子に大人気らしいのだが……。ではあるのだが、私のイメージは、矢張り、赤塚不二夫の例の漫画のステテコ親父のままである。——丼鉢や浮いた浮いたステテコしゃんしゃん――、である。

一方のK氏も東京も東京、華の都心のしかもその中心の直中で生まれ、母上が映画好きだった為なのか物心が付き始めから映画を見続け、知り合った頃は私などより数倍多くの作品を見ており、私が未見であった昔の古い名画を実に詳しく知っていた。

当時の彼の風貌はと見て取れば、これがまたまた凄まじい風体なり。長髪はおどろに逆巻いて大きく盛り上り、貌はと見れば飽く迄青黒い濃い髭が、顎下一面にこれ見よがしに蓄えられている。想像するに、恐らく、彼が限りなく敬愛しているボブ・ディランを真似たのであろう。譬えは誠に悪いが、正に、『風に吹かれて』(ボブ・ディランの名曲です)、どこぞの山家(やまが)から今出て来た様な有様であった。彼は無類のバイク好きでちゃきちゃきの江戸っ子であるのだが、その風貌はと見て取れば、〝山家の猿〟といわざるを得なかった。丹波篠山(たんばささやま)、山家の猿が……と唄われた篠山節その物であった。そこに生活破綻者の私。我々三人は寄ると触ると見て来た映画や昔の映画の事を話した。

特に東映任侠映画、いやいやその頃はそんな改まった物言いではなく、唯単にヤクザ映画といっていたが、兎も角、我々三人は無我夢中で鶴田浩二、高倉健、藤純子、菅原文太、若山富三郎、松方弘樹らの素晴らしさを、いや彼ら主演級ばかりでなく、彼らをこれでもかこれでもかと憎々し気に甚振る(いたぶる)大ワル、河津清三郎、安部徹、金子信雄、天津敏、諸角啓二郎、内田朝雄などなどの敵役にも、あそこが善いとかここが堪らないとかあの殺され方が凄いとか興奮の体(てい)で語り合った。実際、仕事に行っているのか、映画の話(特にヤクザ映画)をしに行くのか、定かには判らない程であった。後は、仕事が終った明け方の待機室での缶ビールが、最大にして最高の楽しみ。そこは窓とてない、地下三階の小穢い穴蔵ではあったが……。

紛れもなく我々は〔全共闘世代〕である。我々の世代の最大のアイデンティティーは、恐らく、〔叛逆〕であろう。総ての権威・権力に叛逆し、自分達より上の戦前的価値を色濃く引き摺っている世代を徹頭徹尾糾弾し抜き、以て彼らの欺瞞性を断乎として完全に粉砕する。多かれ少なかれ、当時、我らの世代が共通に抱いた想念は、その辺りに収斂するであろう。今になって考えると気恥ずかしい限りではあるのだが、小生意気な若さとは、どんな時代でもその様な相を見せて激しく炸裂するのだ。恐らく、いや確実に、我々世代が口を極めて糾弾した世代だって、彼らの上の世代に対しては、我々と同じ様な事を繰り返していた筈である。

我々バイト連中の多くは、職場に於ては正に傍若無人なる振る舞いを見せて獅子吼（ししく）し、当るを幸い何でも彼（か）でも反抗していた。アルバイトの組合（主に新聞社や情報産業などのバイトが主力）は、全共闘世代の影響を諸に受けて忽ち先鋭化し、丸で過激派セクトの様な有様を呈した。一風変っていたのはS氏やK氏や私の所属していた分会で、何せ〔ヤクザ映画命〕(!?)の我々が組合員になっているのであるから、組合集会や執行委員会や闘争方針を決める会議では、須くヤクザ映画の名(迷)ゼリフが飛び交い、やれ「仁義を切る」の「落し前を付ける」の「代紋を付けろ」(代紋とはゼッケンや腕章の事)の「殴り込みに行け」(団体交渉に行く事)のと、内実は兎も角、丸でどこぞのヤクザ一家のお兄（あに）いさんが話している感があった。我々三人の影響か、他のバイト連中にも、ヤクザ映画に魅了される者が続出していたのだ。

事程左様に我々の分会は〔極道分会〕その物となり、他の分会からは散々〔義理人情路線〕と揶揄された。そんな揶揄も一理はあった。分会長を影では〔おやっさん〕と呼んでいたのだから、推して知る可しである。更には分会員をお互いに「兄弟（きょうでえー）」と呼んだ。因みに私はS氏やK氏より僅かばかり早くバイトに就いたので、歴とした兄貴分（!?）である。所がこの舎弟どもは如何な兄貴分を敬う所か、命令ひとつろくすっぽ聞きもしないし、剰え、ちょっと油断していると忽ち口答えをする始末。そこで一言。またまた、ヤクザ映画の名ゼリフを借りる。「あやっら、組の行儀ちゅうもんをどない思とるんじゃあー」因みに、これは松方弘樹兄いの凄みのある絶叫です。

そんな何とも奇天烈な擬似共同体も、何時かは終焉を迎えざるを得ない。そう、丸で類多くの東映任侠映画の様に……。具体的に書けば会社側の合理化の為だ。我々兄弟達は体を張って職場を占拠して座り込みを敢行したのだが、事、鶴田浩二や高倉健の様にはなれず、呆気なく屈強なる機動隊員に排除されて仕舞った。何とも弱い極道分会であった。

一別以来会う事のない多くの兄弟達よ、我々の［盃］は今でもそのままであるのか？　私はそうでありたいと、心から願っているのだが……。

縷々として書いて来た通り、若き日、東映ヤクザ映画を狂った様に見続けた。それはこの上なく幸せな日々だった。私を狂わせたあのヤクザ映画群が、比較的安価で再び見る事が出来るのだ。従来から東映の子会社の東映ビデオからは、数多くの任侠映画が発売されているのだが、如何せんそれらは高過ぎるのだ。それに比べてデアゴスティーニ社のそれは、千八百五十円と安いのだ。今の所、果して何巻発売されるのかは判らないのだが、貧乏人には安いのが兎にも角にも嬉しい。そんな訳で勇んで創刊号から求めた。

例の海中の岩に波が打ち砕けるシーンに東映の三角マークが映し出されると、何時も心がときめく。あの東映の象徴である三角マークの事を、東映専属俳優であった山城新吾は、テレビのバラエティー番組の中で、「義理欠く、恥欠く、人情欠くの三欠くマーク」と、愛情を込めておちょくったが、正にその言や言い得て妙と苦笑した。創刊号は記した様に『網走番外地』の第一作目。これは白黒作品である。製作時には果してヒットするかどうか判らず、因って製作費を押える為にもモノクロ作品となったのであろう。

そこでこの愚論の冒頭の文章。衝撃が走った。私は少し焦った。いや、正直に記せば、少しではなかった。こんな筈では……。焦燥感を抱きつつ第二作目を買い、家に戻るのももどかしく、直ちにＤＶＤをセットした。『緋牡丹博徒』第一作。前作と同様、また同類の衝撃が走った。いや、これまた正直に記せば、衝撃の度合は更に大きかった。何とした事であろうか。当惑は私を嘖(さいな)み、惑乱は心を掻き乱して行く。再び、こんな筈では――。懲りもせず三作目も買った。否、断乎として懲りては困るのだ。

ここで『昭和残侠伝』の中で、花田秀次郎（高倉健）に常として連帯する風間重吉（池部良）の名ゼリフを借り、我が心胸(しんきょう)を吐露する事とする。「それじゃあ、仁義になりゃせんっ」そう、〔仁義にならない〕のだ。そう、〔意地のしがらみに生きねばならない〕のだ。そう、〔男が立たない〕のだ。（卑猥な事をくれぐれも考えないで頂きたい。念の為……）三作目はその『昭和残侠伝』第一作。（この作品での高倉健や池部良の役名は、花田秀次郎や風間重吉ではない。その名前が定着するのは、少し後の作品からである）

矢張り、駄目であった。三度目の衝撃が走った。狼狽が全身を駆け巡った。うろたえは私を捕えてはいたが、やがて、ゆっくりとではあったが、落着きを取り戻した。私はようようの事で〔諦め〕に達したのだ。諦観。勿論、それ迄の滑稽なるあたふた振りは恥ずかしい限りだし、諦めるといってもそう簡単に諦めた訳ではなく、今でも未練たらたらでいるのであるが、矢張りここは一番思い切らなければならないかと、何とはなしに考え始めている。正直、今でも未練の中で、踠き苦悩してはいるのだが……。

アイデンティティーの問題なのである。長々と書いて来た様に、私の青春は東映ヤクザ映画とともにあった。いや、ヤクザ映画しかなかった。東映任侠映画は正に絶対的であり、それのみを見る事に因って、総ての問題の解決への道が開けた。

幻想――。恐らく、そうであったであろう。がしかし、あの若き日には、莞爾としてその様に思ったのも偽らざる事実であった。繰り返し書く事になるが、〔東映任侠映画〕は〔私に取って絶対〕であったのだ。

東京に在住していた頃は、日常の中にヤクザ映画は確として存在していたが、故郷の田舎街に帰ってからは、殊に大病を患ってからはヤクザ映画を殆ど見なくなって仕舞った。いや、ヤクザ映画ばかりか、映画一般を余り見なくなった。ではあるが、若き日の私が狂った様に見続けた東映任侠映画は、我が心の奥深い所に常として生きていて、己が苦境の土壇場に至った時、〔任侠映画の思想〕は自分の征く可き指針をはっきりと明示してくれた。尤も、私は鶴田浩二や高倉健や藤純子程には強くはないので、多くは、彼らが明示してくれた征く可き道を途中から裏切り、すたこらさっさと遁走し始める事もしばしばあったのだが……。

私は実に弱いのだ。それは兎も角、私は彼らが身を以て体現してくれた〔高邁なる義の思想〕を、〔人の道としての仁義〕を、適わぬ迄も今迄ずっと我が心の糧として来た。そのヤクザ映画命のこの私が、何たる体たらく。勇んで見た発売されたＤＶＤに、若き日の狂気の熱情は粛として噴き出さず、皆目、熱狂の片鱗すらも突き上げてこない。私は仏教で謂う所の〔失念〕らしき物を感じた。

心を散乱させる煩悩。

創刊号、二号目、三号目、更には次号も更に更に次の次の号も……。見続けても見続けても、全く結果は同じ事であった。今の私は如何して仕舞ったのだ？　焦って見続ける間も、私は何とか熱情の取っ掛かりでも掴めればと、様々な方策を、いや滑稽極まる所行を為出かした。苦笑するしかない、その涙ぐましい努力。

過去に買ったヤクザ映画に就いて書かれた書籍類を、乱雑極まる凄まじい散らかしの置き場所から苦心惨憺して捜し出し、前後の見境もなく手当り次第に読み返した。今でも覚えている名著を捜し出せなかった無念さあり、買ったのを当の昔に忘れていた本が出て来て驚いたり、誰かに借りてそのまま手元に残って仕舞った本ありで、兎も角、それらを走り読みの走り読みぐらいの粗雑さで、一応それなりに読み返した。

無駄であった。全くの無駄。そんな姑息な事をしても〔あの狂おしい熱情〕は、再び戻り来ない。内心そうなるであろう事は薄々判っていた。ただ、それを自認するのが堪らなく嫌だっただけだ。己の熱情は決して、再び戻り来ない。慙愧の内にそれを認める。

往生際の悪い私は次なる所業も行った。殆ど朝から夜中まで一日中、鶴田浩二、高倉健、藤純子の歌を聞き捲ったのである。高倉は余り歌を歌う事に自信がなく、発売されているのは『番外地』と『残侠伝』シリーズの主題歌ぐらいであり、同じく藤も『緋牡丹博徒』シリーズの主題歌しかないのだが、殊、鶴田は全く違っている。彼の師匠である高田浩吉も歌が上手く高田主演の映画の一部（股旅物や道中物が多い）は、ストーリーと余り関係ない所で突如として歌が流れるのだが、それらの歌はヒットしたし、その御蔭を以てか映画自体もヒットした。彼の弟子（鶴田は戦前と戦後の一時期、『高田浩吉劇団』に入っていた）である鶴田も、師匠の薫陶宜しきを得て、若い内から次々と大ヒットを飛ばし、歌手としても多くのファンを持つ身である。鶴田は多くのレコード、テープ、ＣＤ類を出しており、私も鶴田の歌は彼の映画と同様大好きなので、数多くのＣＤを持っている。それらを片っ端から聞き捲ったのである。長い長い時間に渡って三人のＣＤを聞いたが、矢張り矢張り、無駄であった。

　ヤクザ映画に関する書籍類を読み返した時と同様、あの〔狂おしい熱情〕は如何(いつか)な戻っては来やしない。聞く前から密かにそして確実な事として、内心、それは判ってはいた。それが白日の元に曝され、先の試みと同様、己自身そう認識させられる事が堪らなく嫌になった。他にも笑わざるを得ない珍妙なる試みを多々なしたのだが、もう書かない。

　賢明なる読者諸兄には、本の件と歌の件の二件を記すだけで、もうお判りであろう。私には東映任侠映画を再び見直しても、あの若き日私を捕えた狂気の熱情の影すら蘇えらなかったのである――。悲しい事である。寂しい事である。辛い事である。が、これは眼の前に厳然と突き付けられた事実であり、それを幾ら否定したくとも、事実の方から確として己に襲い掛かって来るのだ。否(いや)が応でもそれを認めるしかない。

　懊悩、そして懊悩、そしてそして懊悩。その懊悩の果ての果て、突然としてある小さな小さな光明らしき物が、真っ暗闇（うんっ、鶴田浩二の『傷だらけの人生』、か⁉）の中に仄見えた。

　果して、こんな惑乱の渦中に投げ込まれたら、任侠映画の中の鶴田浩二や高倉健ならどうするだろうか？　胸に迫り来る万感の思いを緊(ひし)として振り捨て、決意の形相物凄く、白鞘の目釘(めくぎ)に湿りをくれるか、或いはドスの鯉口(こいぐち)の抜き具合をゆっくりと確かめるかするであろう。生と死が無惨に交錯する修羅場を、日常の事として数多く潜り抜けて来た〔筋者〕は、当然、こんな時どんな事をなす可きかを十全に知り尽しており、動揺の色さえ毛筋も見せず、手慣れた手付きで〔己の死への道行〕への準備をする。
眦を決したその双眸には、在り在りと決意の焔が燃え上り、和服姿のその全身からは、テロルを決然として観念した〔崇高なる殺意〕が怪しい色気を見せて滾り立っている。その画面に常として流れる音楽は、彼の（または彼女）決意を丸で煽るかの様に、或いは祝福するかの様に、或いは悲しむかの様に、或いは愛するかの様に、或いは慈しむかの様に、殊更に低く低く響いている。「征くのだ鶴田」、「征くのだ健」、「征くのだ純子」と、彌が上にも指嗾しまくる。ヤクザ映画には必ずの様に、こんなシーンがある。主人公の〔死を賭した営為〕への餞として。常として響くあの通奏低音は、言わば次に来る大殺戮への〝讃歌〟の序曲である。そして、観客全員が待望していたカタストロフ――。私はやっとやっと理解らしき物に達した。私は縦横無尽に暴れ捲って大殺戮をする主人公のみを見ており、その前の凄まじい迄の苦悩に色取られた〔諦観〕を見てはいなかったのだ。彼らは総てを諦めて、テロルへの道行きを決断したのだ。私はその〔苦悩に色取られた諦観〕こそを、見る可きであったのだ。東映任侠映画の要は、製作側の意図を正に裏切って、そこにこそあったのだ。生死を含めたあらゆる一切を総て投げ出した彼らは、最早、あれこれなどの思案は全くなく、諦観の内に握り締めた白鞘か日本刀或いは懐のドスだけが、彼らの運命の答を知っているだけだ。

断ち難き諸々を凄まじき苦悩の内に敢然として諦め、只管、死するであろう道行きへ急ぐ彼らの、何たる美しさ何たる荘厳さ何たる哀切さ。考えれば考える程、その〔馬鹿馬鹿しさ〕は際立つ。が、その馬鹿馬鹿しさの何たる崇高さよ――。私は彼らから、その〔馬鹿馬鹿しい崇高さ〕こそを学んだ筈であった。鶴田浩二よ、高倉健よ、菅原文太よ、藤純子よ、池部良よ、そして彼らに無惨に殺戮された数多の悪役達よ、私はあなた達から〔高邁なる思想〕を学ばせて貰った。

譬え今や若き日の熱狂は戻らずとも、私はそれを〔諦観〕の中で正に〝諦める〟。それは『シネマ気球』に再三書いて来た様に、「私に映画はもうない」と全く同義であるかも知れない。そしてそれは、老いてじじいになった事でもある。が、私は今でも〔東映任侠映画〕に仁義を尽そうと思う。譬えあの熱情は沸き上がらずとも、譬え興奮の坩堝と化さずとも、譬え熱き涙を流さずとも、じじいの私はこのＤＶＤ集を毎号買い続けるだろう。それが私の彼らへの〔仁義〕である。彼らが指し示してくれた〔偉大な思想〕は、今でも赫灼として私の中で輝いているのだ。ええと、次の号の発売日は？　あったあった、七月七日かあー、おっ『緋牡丹博徒　お命戴きます』かあー。絶対に買うぞ、加藤泰さん、藤純子さん。

（２０１５年９月）

生涯一エロ女優

『続　網走番外地』

いやはや何とえげつない物言い――。何を隠そう、この物言いは私の造語ではない。東大大学院出の高名なフランス文学者先生の御言葉なのである。正確には〔生涯一エロ女優の心意気〕と言うのだが……。

彼女の本領を遺憾なく発揮したのは、梅宮辰夫が主演した『ひも』シリーズや『帝王』シリーズや『不良番長』シリーズで、主演の梅宮辰夫を始め共演の山城新伍や安岡力也をヒッイーヒッイーと言わせる、〔あれが好きで好きでたまらず、豊満な肉体を波打たせながら男にいどんでいく大年増役〕が白眉である。〔あれが好きで好きでたまらず〜〕の一文は、先に記したフランス文学者の先生の御言葉からそのまま借りた。彼女の本質を余りにも的確に捕えている為、敬意を持って引用させて頂いた。

あれが好きで好きでたまらない大年増の好色女優のその名は、三原葉子――。(好色女優とは言っても、飽く迄、役の上での話だが……) 何を隠そう、私はこのぼてぼての体をした好色女優の大ファンであった。不良性溢れていた頃の東映は、ヒットが見込まれれば、どんな危ない題材でも貪欲に手を出した。その意味に於いて実にえげつない映画会社であった。世の良識派や政治権力や警察当局が、顔を顰めていちゃもんを付けそうなヤクザ映画やギャング映画は勿論、更には、新東宝張りのエロ・グロ紛いの映画の類も好んでラインに乗せた。

　これらの映画が出現したそもそもの要因は、当時東映映画の製作本部長の岡田茂（後には社長となる）の、「これからはエロをやるぞっ」の発言であったらしい。岡田茂も興行師の面目躍如たる物があったのだ。

　三原葉子は昭和八年、岩手県盛岡市で生まれている。私が三原のぼてぼて好色グラマー（!!）を見始めたのは、昭和四十三年前後であったから、当時、彼女は三十代後半から四十代前半であった。不良番長の梅宮辰夫兄（あにい）にその超グラマーな全身を実に淫靡にくねらせ、兄が閉口するのものかは、「もっとっ、もっとっー」と好色の叫（わめ）きも卑猥に挑みかかって行くのである。崩れた巨乳巨尻からは巧まざる卑猥感が可笑しくも悲しく立ち上り、その行為自体はエロよりもグロに近いのだが、梅宮の受けの芝居の上手さと三原の攻めの芝居の突出さが、思わず、手を叩いて大笑いして仕舞う様な奇妙な感慨を呼び込んで来る。恐ろしや、エロ大年増女優三原葉子――。資料に因ると『不良番長』シリーズには四本程出演しているのだが、いずれもが決まった様に梅宮の大年増の情婦役で、しかも、四本とも同じ様に「もっとっ、もっとっー」と助平たらしく見るも貪欲に迫っている。その時の梅宮兄も決っている。「太陽っ、太陽っが黄色く見えるっー」。嗚呼……。実に羨ましいっ――。

　そして、梅宮主演の『ひも』シリーズも『帝王』シリーズにも数多く出ているのだが、またまたこれらも彼女の役処は、『不良番長』シリーズと殆ど大同小異である。考えるに、当時の東映には、三原葉子以上の好色大年増女優、詰り、四の五の言わず割とさっぱりスクリーン上にすぱっとその裸体を晒して呉れる、年輩の魅惑的で見るからに助平そうな女優がいなかった事に因るのだろう。実は、三原は我らの健さんシリーズにも出ている。何と何と、あの『網走番外地』シリーズにだ。

確か四本だったと思ったが、何れも中々に決まっていて観客達の目を大いに楽しませ、スクリーンに見入る男達の助平心を、その崩れ始めた豊満極まる肉体で挑発し捲る。尤も、その役は昔から得意のストリッパーか、安酒場の荒み切ったホステスか、大悪の草臥れ切った中年の情婦かだが。三原を好んで使ったのは石井輝男。監督・石井輝男と女優・三原葉子の関係は、東映以前からずっと続いていたのだ。監督の石井に取っては三原は実に使い勝手が良かった筈だ。実に、昭和三十年代前半から二人は監督と女優として、多くの映画を作って来たのだ。

二人は東映子飼いの監督や女優ではない。では何処かと言うと、例のあの新東宝の監督と女優なのであった。が、新東宝は昭和三十六年、敢えなく倒産の憂き目。男優や女優や監督達も他の映画会社やテレビにと散って行った。石井輝男と三原葉子は東映に拾われたが、他に東映に入社したのはこれも肉体派の万里昌代、男優では吉田輝雄、寺島達也などがいる。そうそう、菅原文太もかつては新東宝の役者であった。東映専属ではなく身分はフリーと言う形にして、東映の映画に出演した役者達も多くいた。『不良番長』シリーズの三原は兎も角、私は『網走番外地』シリーズに出演したときの彼女が大好きだった。あのエロ・グロさその物の猥雑感がたまらなかった。

彼女が出演した『網走番外地』の内、私が一番良かったと思ったのは『続　網走番外地』であった。役柄は子持ち亭主持ちの流れのストリッパー。監督と脚本は石井輝男。刑期が満了して網走刑務所を出所した健さんとアイ・ジョージは、青函連絡船で本土に渡ろうする所から物語は始まるのだが、その函館港で流れのストリップ一座とひょんな事から知り合いになる。その一座の中心の花形ストリッパーが、亭主持ちで然も子持ちの三原葉子。折しも前夜、函館の銀行が襲われ貸金庫から大量の宝石が強奪される。

そしてその宝石は北海道土産の定番、模造マリモの中に隠匿された。話はその大量の宝石が隠された模造品のマリモを巡って、連絡船内や列車内で擦った揉んだが展開されるのだが、健やアイ・ジョージは出所直後で一文なし、流れのストリッパー一座もその日暮らし。更に健達には、彼らの懐を狙って失敗した女スリの嵯峨三智子まで加わる。

健は地元の的屋一家の庭場(にわば)を借りて売(ばい)を始める。そこで売するネタがまた凄い。何と何とアメリカ製の七色パンティー(!!)。このシーンは『網走番外地』シリーズの中でも珍無類さでは、一、二を争う場面だ。私はこんな恰好悪く情けなくて面白い健さんは見た事がない。少々長いがセリフを、DVDから採録する。

「御通行中の皆様っ、御通行中の皆様っ、あたくしはこの度、USAはニューヨークセブンカラパンティー社の全日本代理店に指定されました、橘商会の出張販売員であります。」

そして見るからに安物の趣味の悪いピンク色のパンティーを手に取り、回りの中年女性客に大真面目に捲し立てる。

「兎も角穿いて御覧なさいよっ、伸縮自在、透けて見えそうで見えない、ナイロンパンティーの特徴だよっ、しかも風通し良くて絶対蒸れないときているんだっ、水でジャブジャブ洗って十分でピーンと乾くって言うんだっ。レディーの下穿きって言うのはこいつの事だよ。アメリカに行って御覧なさいよ、嫁入り道具の一つなんだからっー」などと更に捲し立て、丈夫さを強調し様として殊更乱暴に扱う。が、そこは悲しい哉、安い擬(まが)い物。哀れピンクのパンティーは忽ちズタズタ。そんな突然のアクシデントにも決してめげないのが、我らのヒーロー橘真一。

「ひいっー、こんなになったらもう諦めなさいよっ、ねえっ、人生は諦めが肝心だよっー」

今までの苦心のネタ振りが割れて、平然と居直る健さん。石井輝男の脚本・演出は本筋とは殆ど関係がない所でもかくも下卑た話を無理矢理押し込むのだが、これをあの健さんが大真面目でやるのだから、その可笑しさには爆笑させられる。このえげつなさが石井輝男の石井輝男たる所以。また橘真一は博徒龍神組の若い者なのだから、的屋稼業は稼業違いで絶対にしない筈だ。石井は自分が作ったキャラクターを平気で無視している。そんな細かい所に拘泥しない所も石井輝男らしい。

さて、一方の三原葉子の方は、場末のストリップ興業。座長格の三原は地元の貸元に興業の挨拶に行ったのだが、そこでは土地の旦那衆や小金持ち相手の賭場が立っていた。三原はマネージャー兼トランペット吹きの亭主大坂志郎が、酒と博奕には呉々も注意しろとくどい程言ったのに、根が大酒飲み博奕大好きの為に遂フラフラと賭場へ。賭場では酒も用意されていたから、次から次へとグビグビ。我を忘れて丁半博奕にのめり込み、忽ちすってんてん。

この辺りからが三原葉子の真骨頂。手元の金がなくなるや否や、やおら着ている着物を脱ぎブラジャーとパンティーだけの姿になり、貸元にそれを質草に金を借り様とするも、あまりペラペラの安物の為に彼はそれを渋る。その時、賭場のお客の一人の助平男が、彼女に助平男らしい無体な提案をする。

「穿いているパンティー付きなら、その着物で銭を貸してやってもいいぜっ」

事の成り行きに興味津々の賭場の客達。海千山千のベテランストリッパーである三原は、強か(したた)に酔っ払っている為に糞度胸が付いたのか、客の無体な提案に悪乗りし何のためらいも見せずに、穿いているパンティーをすっぱりと脱いだ。息をのむ賭場の客達。(勿論、映画を見ている観客達も!? 断る迄もなく私も!!) この辺りの演出が、エロを掌中(しょうちゅう)として、観客達の助平心をワクワクさせる術(すべ)を十全に知り尽くしている石井輝男は流石と思うのだが、そのエロ演出に正に体当たり的演技で答えた、「エロ女優三原葉子」も称賛されるだろう。

身に着けているものがブラジャーだけで、下半身は丸裸のスッポンポンになると誰しもが舌舐めずりして、彼女の股間辺りに好色その物の視線を這わした。あわや、我らがヒロイン三原葉子――。三原は豊満過ぎる肢体を挑発的にくねらせ、悩ましく悩ましく穿いているパンティーに手をかけ、一気にそれを脱ぎ捨てた。嗚呼、南無三――。が、彼女は脱いだパンティーの下に、何と何と小さなバタフライを穿いていたのだ。にっくきは小さなバタフライ（!?）。念の為に書けば、バタフライとはストリッパーやヌードダンサーが恥部を覆う極小の三角布の事。賭場の客達が唖然とする中、出されている徳利の酒を喇叭飲みし、そのままの姿でまたまた丁半博奕。当然として敗け。賭ける金が全くなくなった三原は、最後の持ち物である化粧箱を担保に親分から金を借り様とする。その時のストリッパー三原葉子のセリフが振っている。

「裸の商売だけど、化粧前がなければ舞台には立てないっ。命から二番の品物よっ」

当然またまた敗ける。最早すってんてんに成り果てた三原は、ブラジャーとバタフライだけの悩ましくも滑稽な姿で、廊下の椅子に座って自棄酒の徳利を呷る。そこに健さん、アイ・ジョージ、嵯峨三智子の一行が。彼等は例の強奪された宝石が模造マリモに隠され、それが紆余曲折を経てストリッパー三原の化粧箱に入っている事を突き止めたのだ。そこからはチャンチャン・バラバラの大立ち回りが始まるのだが、何故か鬼虎のおやっさんのアラカンまで登場し、胸のすく啖呵で如何(いか)様師(さまし)どもを射竦める。アラカンは歳を取っても常にアラカン。さて、我らの三原葉子であるが、そんな出入りには我関せずの体。バタフライ姿のまま椅子に座り、只管、徳利を呷り続けている。てんやわんやの騒ぎも健さんの大活躍で、目出度く解決を見せる。不死身の我らが健さん――。

『番外地』シリーズでの三原葉子に就いて少々長く書き過ぎた。この項のはじめの方で、三原を「あれが好きで好きでたまらず、豊満な肉体を波打たせながら男にいどんでいく大年増」、と書いたフランス文学者の事を記したが、流石にフランス文学研究をしている為か表現が秀逸で、彼女を表すこれ以上絶妙な文言はないであろう。御仁の高名は鹿島茂。彼は自分の専門分野で多くの著作を出版しているのだが、映画に就いても一家言ある仁で、それが学者が書いたとは思えない程に秀逸な面白さに富んでいるのだ。

鹿島は大学院の入試に失敗し、仕方なく少年の頃から好きだった映画にのめり込み、一年の浪人生活中に四百本から五百本の作品を見たそうである。次の年には見事に大学院に合格したそうであるが、その後も同じような本数を見続けていたらしい。昭和四十五年ごろの事である。彼は東大大学院の比較文学科で学んだ所謂秀才なのだが、専門分野は兎も角、映画論や俳優論は一意直到の限りない面白さに溢れ返り、思わず抱腹絶倒して仕舞う様なある種のえげつなさに終始している。その明け透けさがたまらなく心地好い。とても東大大学院出とは思えない程の砕け方だ。

私がしばしば引用させて貰った鹿島茂の著書は、『甦る　昭和脇役名画館』(講談社・平成十七年刊)と題されているのだが、都合十二名がリストアップされている。私が特に関心したのは、書いている三原葉子を始めとして、荒木一郎、岸田森、佐々木孝丸、天地茂、芹明香、成田三樹夫などなど、各々に秀逸なタイトルが書かれているのだが、三原葉子の場合は、先に記した様に「生涯一エロ女優の心意気」。因みに岸田森には「孤高のドラキュラ」、天地茂には「横目な色悪」、成田三樹夫には「ホモ・ソーシャルな悪の貴公子」。そのタイトルを見ただけで、思わず全文を読みたくなって仕舞う。

書いている様に仁と私はほぼ同世代であるので、彼が当時見た東映ポルノの多くは私も見ている。『温泉あんま芸者』、『徳川女系図』、『現代ポルノ伝　先天性淫婦』、『徳川セックス禁止令　色情大名』、『エロ将軍と二十一人の愛妾』、『狂走セックス族』などなど……。まだまだあるのだが、殆どの読者諸兄は全く興味がないであろうからこれ以上記さない。当の本人の私も、題名を書き出してみたがその内容や誰が出演していたかまでは、今となっては定かに覚えてはいない。驚く事に、鹿島に因るとその全部の作品に、あの三原葉子は出演しているらしい。鹿島はそれをレンタル店のビデオやＤＶＤで、全部見て確認したらしい。恐る可し仁の執念。勿論、この頃の三原は大年増も大年増で、当然として主演はもっともっと若いピチピチの子で、三原の役回りは嫌みたらしい御局役か、若い主演女優をけちょんけちょんに甚振る性悪女である。

彼女の肢体は流石にこの頃になると、魅惑的な豊満さから腐臭的な肥満さに完全に様変りしていて、正直、エロと言うよりはグロと言った方がぴったりであるのだが、その蘞い極みの悪臭を放つ奇怪なグロさが〔腐る直前の肉は熟れ熟れで大変旨い〕ではないが、正に当時の三原にはそんな下卑た様な風情を満々と湛えていた。

特に、梶芽衣子主演の『女囚７０１号　さそり』（監督・伊藤俊也、昭和四十七年度）や杉本美樹主演の『０課の女　赤い手錠』（監督・野田幸男、昭和四十九年度）はその傾向が凄まじい。両作品とも篠原とおる原作の劇画の映画化であるが、ここまでグロテスクになると、最早、三原は羅刹女その物である。前者は女刑務所内でどんな悪事も為出かす女囚の大ボス。後者は有力代議士の娘を強姦誘拐したグループを匿う怪しげな飲み屋の大飯喰らいの大年増ママ。

両作品とも、肥満した肢体にパンティー一枚だけの姿か、全くのスッポンポンの全裸姿で、無残にも縊り殺されて仕舞うのだ。当時、数多くの三原の出演した映画を見たが、その殆ど総てが同工異曲の役処だ。嗚呼、……。正に鹿島の言う可く、「生涯一エロ女優の心意気」――。東映でエロ路線作品に出演していた頃は、三原の映画人生で言わばその後半であり、彼女の前半の女優人生こそ波瀾万丈であったと言えるだろう。三原葉子は昭和二十六年あの新東宝に入社している。芳紀、正に十八歳。同期入社組には久保菜穂子、高島忠夫、丹波哲郎などがいる。ちょっとしたトラブルがあり、実質デビューしたのはその六年後、昭和三十二年の『肉体女優殺し　五人の犯罪者』（監督・石井輝男）。役処はストリッパー。彼女としてはデビュー三作目に当るらしい。新東宝はどんなえげつない題材でも、当ると見込めば構わず製作して仕舞う。

以後、三原は新東宝映画のエロ路線を一心に支えた。与えられる役は、ストリッパー、ヌードモデル、情婦、ダンサー、コールガールなどなどである。相手役は、男優では天知茂、中山昭二、宇津井健、吉田輝雄、丹波哲郎などであり、女優では久保菜穂子、万里昌代、池内淳子、三ツ矢歌子、三条魔子などである。さしもの新東宝も昭和三十六年倒産。散り行く数多の役者達。口惜しがる新東宝エロファン達。

鹿島茂はませた少年だった。昭和三十年代前半、彼は新東宝のエロ路線の映画ポスターや予告編などを見て楽しんでいたらしい。当時と言えども新東宝のエロ路線映画は成人映画指定で、当然、十八歳未満は入場禁止である。〝狡知に闌けた〟鹿島少年は、エロ路線映画が上映される前の週に映画館に行き、次回上映されるエロ路線作品の予告編を楽しんだ。彼曰く、「予告編は当然さわり集なので、かなりきわどい場面も挿入される。これが目当てだった」。全き賢い。鹿島の物言いに〝誘惑〟され、最近、私も新東宝時代のＤＶＤを三本程見た。昭和三十五年の『女体渦巻島』、同年の『黒線地帯』、同三十六年の『セクシー地帯』。監督は三本とも石井輝男。

確かに未だ贅肉もなく頗るグラマーで蠱惑的である。無論、昭和三十年代であるので肝心のエロ度数は、現在と比べると極めて低いし、更には昭和四十五年代の東映時代に比べても勿論の事低い。ではあるが、昭和三十年代に若者であった男達は大いに昂奮したであろう。三原葉子さん、矢張り、あなたも一代の大女優であった――。

（２０１７年９月）

「うみゃえでいかんわっー」

「うみゃえでいかんわっ――」
「ハヤシもあるでょう――」
「うはうは喜ぶよう」

ベタベタな名古屋弁である。昔の懐かしいテレビコマーシャルだ。因みに、「ハヤシも」云々は、「ハヤシライスのインスタントもあるよ」である。名古屋弁に因るインスタントカレーのＣＭは、静岡弁しか知らない少年に取っては実に強烈で、それをやっているタレントにも興味が湧き上った。

静岡県の辺鄙な地に住む無知な少年に取って、唯一、テレビだけが都会や世の中を、いや、それは文化と言い変えても宜しいのだが、兎も角、ムラ社会以外を認識するツールであった。私は少年の頃、毎日、朝から深夜までテレビの前に坐っている様な、正にテレビ大好き少年であったのだ。放送される番組は何でも見たのだが、特に大好きだったのが準キー局の大阪の放送局製作の、下卑た大阪弁を縦横に駆使したお笑い番組であった。

下品な大阪弁に因る只々笑い転げるしかないその下らなさ。次々と発せられる間の抜けたギャグのそのナンセンスさ。受けさえすればこれでもかと繰り返すそのしつこい厚かましさ。番組名を記せば以下の如し。

『とんま天狗』、『番頭はんと丁稚どん』、『スチャラカ社員』（何と、うら若き日の藤純子が出ていた‼）まだまだあるが、先を急ぐ。当時、私が一番熱中したのは、その名も『てなもんや三度笠』である。日曜日の夕方六時には、必ずテレビに噛り付いて我を忘れて見た。

関東と関西とでは笑いの質それ自体が大きく違っていた。それは東京人と大阪人の気質の違いであろう。東京の劇場や寄席の客達、特に〔通〕と称される人士や、それを自任している者達は、見るからに下卑たネタやこれでもかと繰り返すしつこいネタは毛嫌いされ、第一、役者達自身、芸人達自身もそれに類する演技や芸を卑しんでいて、たまさかそんなことで爆笑を取っても、内心、際物(きわもの)との感を抱く者が多かった。芸はスマートでなければ――。そして粋(いき)でなければ――。こんな所が、東京の喜劇や笑劇の役者更には芸人達の秘められた矜持であった。が、東京にもそれらと全く違う役者達や芸人達もいた。

彼らの多くはストリップ小屋から生まれた。代表的人物を一人だけ上げれば、浅草のストリップ小屋で幕間(まくあい)のコントを演じていた渥美清であろう。渥美清は幸運にも大スターになって目出度しであったが、ストリップ小屋を根城とする役者や芸人には、スマートでなければとか粋でなければとか矜持などとは言っておれなかった。ストリップ小屋に詰めかける男どもは、当然、ストリップ嬢達のストリップ・ショーを見に来るのが目的である。女の裸が絶対的な目当てであり、幕間のむくつけき男達のコントなどは全く眼中にないのは言うまでもない。

早い話、女の裸を見に来る助平な男どもから、何としても笑いを取らなければ、御飯（おまんま）の食い上げで忽ち路頭に迷って仕舞うのだ。それ故、笑いを取る為ならどんなあざとい真似もした。兎も角、笑って貰ってなんぼの世界なのである。

東京のお笑には二通りの道があったと書いたが、勿論、確然と分れていたのではなく、両者は実に曖昧模糊としていてお互いダブったりカブったりしている。そしてそれは、ごちゃ混ぜになって一体化する。所謂、〔マス社会〕の到来である。マス社会をより加速させたのが、言わずと知れたテレビ放送である。テレビなる媒体はその情報を瞬時に津々浦々に伝え、巧まずの内に全国を画一化して仕舞うのだ。極めて危険な一面を常に内包しているのであるが、マス社会はそれを薄々感じながらも、多くの大衆一般は、その激流の快楽に乗ること（或いは乗せられること）に、麻薬的な甘美感を覚えて仕舞うのも偽らざる真実なのである。現在はそれにインターネットが加わるから、増々、危うくなっている。

再度、大阪の喜劇役者、笑劇役者、お笑い芸人に就いて。大阪を中心とした関西にも、東京と同様な鯔背（いなせ）（この語は一般に東京でしか使わないが……）とか、粋（これも同様であろう……）とか称される芸風もあるのだろうが、それを体現していた人物は極少数で、多くの者達は兎も角も爆笑さえ取っていれば勝ちと考えていた。

大阪を核とした関西系のお笑いは昔から漫才が中心で、大方の漫才師は笑いを取る為なら、どんなえげつないことも構わないと考えている感が強かった。大阪人一般の気質が芸人達にそれを求めたのであろうか……。漫才とは、元々は鎌倉・室町時代に発生した、正月家々を回って祝言を述べて祝儀を貰う角付芸の一種の万歳が起こりである。悲しい哉、言わば賤民が営む賤業の一種であった。三河万歳、知多万歳、河内万歳、尾張万歳などとして残った。万歳から漫才へと字づらは変ったが、その本質は何も変ってはいない。深い悲しみを内に秘めて——。

「鼠小僧次郎吉だがやっー」
「やっとかめだなも、時次郎さあー」
「珍念さあーも、やっとかめだなも」

名古屋弁を自在に駆使して、旅人の〔あんかけ時次郎〕と連れの小坊主〔珍念〕を煙に巻く、名古屋弁しか使えない義賊の鼠小僧。名古屋弁しか使えない鼠小僧は文句なく抜群に面白く、この高視聴率を誇るコメディー番組に出演して笑いを誘う他の人気者達にも優るとも劣らない大爆笑を起させていた。全国の大人から子供まで圧倒的に人気のあったハチャメチャコメディー番組は、その名も高き『てなもんや三度笠』である。

長谷川伸の名作『沓掛時次郎』を、これでもかとパロって藤田まこと演じる旅人を沓掛ならぬあんかけとし、彼と一緒に旅する知恵者の小坊主珍念に白木みのるを配した公開放送である。物語はこの二人の珍道中を描くのだが、毎回、地元大阪は勿論、東京からも豪華なお笑いゲストが出演する。

登場するゲスト達は、皆それぞれに笑わせ方の壺を小憎らしい程に心得ていて、主役の藤田まことや白木みのるとここを先途と許り、丁々発止と渡り合って会場の笑いを取り捲った。静岡の片田

「うみゃえでいかんわっー」

舎の小学生の私は、毎回毎回彼らの巧みなお笑い芸に大笑いしたのだが、中でも名古屋弁で捲し立てる鼠小僧は群を抜く面白さであった。名古屋弁しか使えない鼠小僧。絶対にあり得ない設定を考えたのは、恐らく、『てなもんや三度笠』の台本作家の香川登志緒であったろうが、彼は他にも歴史上の有名人物を史実を無視してパロディー化し、無理矢理にも登場させているのだ。それがまた面白い。

鼠小僧次郎吉を演じたのは、誰あろうかの南利明その人。「うみゃえでいかんわー」の〝カレーおじさん〟である。〔南鼠〕はゲストであったが、好評なのか直ぐに準レギュラーになったと記憶している。南利明は、元々、由利徹、八波むと志らと『脱線トリオ』を組み、コントや芝居をやっていた。『脱線トリオ』の人気も高く、私も彼らの助平コントが少年ながら大好きであった。いや、少年だったので、彼らの助平コントが好きであったか……。

八波むと志は若くして亡くなって仕舞ったが、由利徹のハゲヅラを被った助平オヤジ振りや、口の回りにべったりと墨を塗り捲ったとぼけた国定忠治振りは、何とも言えない可笑しさに溢れ、後年の東映ヤクザ映画でもそのキャラクターが十分に生かされていた。一方の南利明の方も決して負けてはいない。彼も得意の名古屋弁を縦横無尽に使いこなし、舞台のアチャラカ劇やテレビのバラエティー番組に数多く出演し、由利徹同様、東映ヤクザ映画でもベタな名古屋弁を吹き捲って大活躍していった。

由利と南の二人は、高倉健、菅原文太、藤純子が主演する作品に出演することが多いのだが、彼らの笑わせる芸に因って健や文太も二人に負けじと、丸でコメディアン張りの砕けた演技を見せる。それは、由利や南の巧みなる挑発や誘い水的な誘惑に、大スター二人が見事に乗せられたからではないかと、私には思われる。由利徹は高倉健の『網走番外地』シリーズに、丸でレギュラーの様に殆ど毎回何らかの役で出演しているのだが、その全部と言ってもよい程、所謂、〔危ない男〕での出演なのである。同房の懲役囚に気色悪く色目を使って迫るオカマの囚人役や、東北訛が激しい少々変態気味の怪しい香具師（やし）の親分などは正に絶品であった。

差別に関して喧（かまびす）しい今なら大いに問題になりそうな気もするが、製作当時はそんな気配は全くなく、観客は大笑いでやんややんやの大喝采であった。由利は当時テレビや舞台でも、同じ様な色合いのコントやドラマで人気であったが、東映ではそれに輪をかけた〔危ない男〕を演じ続けていた。セクシャル・ハラスメントに関して注視される現在、映画は兎も角、テレビなどで由利の様な存在は、果して許されるのであろうか？

演芸、特に、お笑い芸には、必然として差別的言動が内包されているのであり、所詮、それを避けて笑いを取ることは当然として難しいのだ。世の中の真面目な良識派からすれば非難の対象となるのは必然であり、顔を顰めるのはこれまた当然なのである。彼らはそれらとも闘って行かなければならないのだ。〔笑い〕と〔差別〕。そこには、暗澹たる深い深い暗部が絡み合っているのだ。

「オシャマンベー、クッチャンァー、どこにあるのかわっかないっ」

由利徹の数あるギャグの一つである。これが何でギャグになるのか？

「長万部、倶知安、どこにあるのか稚内」

「うみゃえでいかんわっー」

この様に書けば判る御仁には判るであろう。更に由利徹はこれを独特のイントネーションで言い、無理にも〔意義を意味〕ならしめる。何度も書くが、私は下卑て卑猥なギャグが大好きである。

「エンヤァー　トト　エンヤァー　トト　松島ぁーの　瑞巌寺ほどにぃー」

御存じの宮城県の有名な民謡、『大漁歌い込み』の一節である。この民謡も由利の手にかかると、クサく笑わずにはいられない秀逸なギャグになり変る。東北訛も可笑しく唄いながら珍妙なる振り、詰り、言う所の〔当て振り〕を見せる珍芸が、思わず吹き出すほどに馬鹿馬鹿しくて、兎も角笑わずにはいられないのだ。高倉健の『網走番外地』シリーズを始めとして、菅原文太の『まむしの兄弟』、更には『トラック野郎』シリーズでも少々バージョンを変えて披露に及んでいる。

子供の頃から『脱線トリオ』の大ファンであった私は、東映映画で由利徹や南利明が見せる厚かましい程のナンセンスな笑いに唯々感心した。宮城県石巻市出身の由利徹が東北弁なら、一方の愛知県名古屋市出身の南利明は、勿論、書いて来た様に名古屋弁一本槍。どんな役を演じても名古屋弁、否、正確に書けば、始めから名古屋弁を使うことを前提に、その役を設定した感が強い。南利明が出演した東映ヤクザ映画は、私が見ている限り総て名古屋弁だけを使っている。名古屋弁オンリー。そのインパクトは唯々凄まじい。

東映任侠映画は発生時から終末時まで数多(あまた)の喜劇人・笑劇人・芸人を使って来たのだが、極一部の例外を除いて、笑わせる為だけに彼らは起用されているのだ。喜劇人や笑劇人や芸人なのだからそれは当然と思われるかも知れないが、有名になって人気を博す彼らの多くは、シリアスな芝居を要求しても、それが然も当然だと心得ている下手な新劇人より、数段上手い者が数多くいるのが現実であり、若し、製作者や監督がそれを要求したなら満を持して要求に答えたであろうが、彼らは専らそれを完全に封印して仕舞って、観客達を笑わせる為だけに出演していた。勿論、例外もある。伴淳三郎、藤山寛美、曾我廼家明蝶などは代表的な例外であろう。

　由利徹や南利明なら、その例外に負けず劣らずシリアスな芝居も出来たであろうが、二人はその道は頑として選択せず、只管（ひたすら）、あちゃらか的なドタバタ劇を貫いて笑いだけを取ることに終始した。天晴れと言う他なし。見事と言う他なし。感動したと言う他なし。由利や南が東映ヤクザ映画の中で、常として下卑た猥雑なお笑い芸をこれでもかこれでもかと繰り返すことに因って、主演の高倉健や菅原文太や藤純子らのヒーロー・ヒロイン振りが嫌でも際立ち、任侠スターとしての存在感を弥（いや）増しに増す絶大なる効果があるのだ。

　それは同時に、ヤクザ映画の基本的構成は〔切った張ったの陰惨なる殺戮劇〕であるのだから、ストーリーとダイレクトには関係が薄い彼らの唯々笑わす為だけの登場が、ある種の緩衝材となって一瞬ほっとした気持にさせる効用もあるのだ。が、それはまた、次に来たる可き大カタストロフの悲しき序章でもあるのだが……。

　更に更に言えば、彼らの笑いを取る為に配された者達や、それに準ずる役回りの役者達の大切な役目は、殺戮の修羅場へと向かうヒーローやヒロインの想い人なり恋人なりの傍らに寄り添い、残された者への支えになることである。鶴田浩二や高倉健や菅原文太らの男伊達は、想い人や恋人の傍らにいて彼らが支えて呉れることに因り、ある場合は安心感を持ち、ある場合は達観を持ち、修羅の巷へと一直線に行ける情念を燃え上がらせるのだ。それら多くの作品には、男伊達たることを決意した主人公自らが唄う、悲しくも切ない主題歌が自虐的淋しさで流れ出す。この『シネマ気球』に何度も書いている様に、〔何たる定石〕、〔何たる定番〕、〔何たるマンネリの極み〕。ではあるが、客達はそれを百も承知で詰めかけているのだ。

　それは必然として〔歌舞伎〕の如くに極めて様式化されている為か、カタストロフに突入する直前に見せる愁嘆場の悲哀を、これでもかこれでもかと弥増に際立たせる。任侠映画の真なる醍醐味は、そこにこそあるのだ。笑いを振り撒く為に起用された喜劇人・笑劇人・芸人、更にはそれに準ずる役回りを与えられた役者達は、ここを先途と許り己の笑わせ芸を披歴することに因り、彼らと真っ逆様の鶴田浩二や高倉健や菅原文太らのヒーロー性が、明確なる輪郭を見せて増々輝き出すのである。が、時として定石通りではない作品もあるのだ。

　その最もの好例が縷々書いて来た『網走番外地』シリーズである。我らの健さんの立ち位置は他の作品と違い、この作品では由利徹や南利明の側に限りなく近いのだ。健さんが兎も角滑稽なのだ。更には、菅原文太の『まむしの兄弟』シリーズ。文太兄ぃもここではハチャメチャな滑稽さを終始見せている。更には更には、ヤクザ映画ではないが、後年の同じ文太主演の『トラック野郎』シリーズであろうか。

　『網走番外地』で彼が演じている主人公は、粗野ではあるがどこか滑稽であり、底抜けに人が良くておっちょこちょい、更には、回りの懲役囚から兄貴として慕われ、ついつい親分肌の地を見せて危機に陥る極道である。一本気ではあるのだが、少々、いや、大いに分別が足りないのだ。早い話が間が抜けているのだ。腕っ節は抜群に強くて誰にも引けは取らないのだが、その癖、御頭（おつむ）の中身の方はからっきし……、である。『網走番外地』シリーズでは、毎回毎回、その健さんの人並外れた素っ頓狂振りと巧まず浮き出る滑稽さが、最初から最終の殴り込み直前までずっと続くのだ。健さんの今一つのヒットシリーズ『昭和残侠伝』シリーズでは、間違っても彼のそんな思わず笑って仕舞う姿など決して見られない。

「うみゃえでいかんわっー」

『網走番外地』シリーズを監督したのは総て石井輝男であり、『新・網走番外地』を監督したのは二本を除き降旗康男であるから、当然、登場人物の造形には、二人の思惑が深く関与していると考えるのが常識であろう。『網走番外地』の高倉健の役名は橘真一であり、『新・網走番外地』の役名は末広勝治であって、全く別人物としているのであるが、いやいや、基本的には何の変りもないキャラクターに造形されているのである。

更に書けば、共演者達、特にお笑いの為に起用された喜劇人・笑劇人・お笑い芸人達は、全くキャラクターに変りがない。ずっと書いている由利徹と南利明も新と旧とでは、全く別人物であるのだが、なあにっ――、その性格付けは全く変ってはいないのだ。御巫山戯（おふざけ）振りも全く変らず、我らの健さんを、これでもかとおちょくり捲る姿も全く変らない。私は新・旧の『網走番外地』シリーズを見て、常として思うのだが、高倉健のイメージは本来的には、〔辛抱立役〕の男伊達であるのだが、案外、いやいや絶対、喜劇役者の隠れた才能があったと思うのだ。

それを陰に陽に上手く引き出したのが、誰あろう共演した多くの喜劇役者達・笑劇役者達・芸人達であり、取り分け、由利徹と南利明はその双璧である。彼らの使う東北弁や名古屋弁に対して、高倉健も堂々とべらんめえ口調で丁々発止と渡り合う。その妙な間合とリズム感がたまらない可笑しさを漂わす。由利徹と南利明。二人は東映任侠映画の〔隠れた功労者〕であった。

私が少年の時に夢中になった由利徹と南利明は、青年になると任侠映画で違った形で楽しませて貰い、更にはおっさんになった今でも発売されるＤＶＤで十分に楽しんでいる。

「オシャマンベー、クッチャンァー、どこにあるのかわっかないっ」

「うみゃえでいかんわっー」
「ハヤシもあるでょうー」

私は彼らのギャグが今でも大好きで、思い出しても笑って仕舞う。残念ながら今、好きなお笑い芸人は全くいない。はっきり言って若手有名芸人は大嫌いだ。冷静に一歩退いて考えれば、それは取りも直さず、私がおっさんになった証拠である。そして私は頑強に叫び続ける。「東映ヤクザ映画は絶対に素晴しい」、と——。

（2018年9月）

黄泉路へと急ぐ者達への挽歌らしき一文
或いは誄歌(るいか)らしき一文

トッポ・ジージョが死んだ。そうである。あの有名なお馴染みのキャラクター、例のトッポ・ジージョである。初めから死者の話で恐縮千万であるが、今回は死者の話が終りまで続く事になりそうである。悪しからず。南無三宝――。

トッポ・ジージョの職業は〔映画評論家〕であった。彼の事は後半に書く。更に言えば、彼の廻りに蝟集していた人物も、出来るだけ記してみたい欲望に駆られている。

志村けんが新型コロナウィルスで死亡した。私は彼の大ファンであった。享年七十。志村けんは己の望んだ人生を、見事なまでに生き切ったのである。お笑いの天才として。

志村は高校時代から、お笑いの道を我が往く可き道と心に決め、当時、最も憧憬の的であった『ドリフターズ』のリーダーいかりや長介の付き人に何とか潜り込んだ。俗に言う〔坊(ぼう)や〕である。

因みに、ドリフターズとは、漂流者達或いは流れ者達の意である。

今では信じられないであろうが、初めは歴とした正統的な音楽バンドであった。後の彼らを考えればにわかに信じられないであろうが、当時の日本中の若者達を熱狂の渦に巻き込み、大人達からは、その肝胆を寒からしめて「不良どもの音楽」と恐れられた例の『ビートルズ』、何と何と、その日本での初公演の前座を務めているのだ。尤も、そのころのメンバーには我らの志村けんはおらず、荒井注が入っていたのであるが……。年嵩の荒井注が自身の健康問題で辞め、その後釜に志村けんがいよいよ抜擢されたのである。

恐らく志村自身は大いに喜び且つ又大変に驚いたであろうが、私にはそれよりも彼は人には言えない、絶大なる不安と索漠たる劣等感に苛まれていたと想像している。

第一にはいかりやの坊やであった事、第二には楽器を演奏する事が全く出来ない事。だが志村けんが抜擢された当時のドリフは、幸運にも『8時だョ！　全員集合』(TBS系毎週夜八時放送)で、全国の大人からちびっ子まで大人気の〔コント集団〕に完全に様変りしており、楽器などを演奏出来なくとも何ら問題はなかったのである。

驚く事にこの番組の最高視聴率は、何と五十・五%を記録しているのだ。この番組が始まったのは昭和四十五年からである。途中に半年間程の休みはあるのだが、昭和六十年まで都合八百三回の長きに渡って続いたのであり、更に驚くのは総て当日の生での放送であり、更に更にはテレビ局のスタジオではなく、東京を初めとする近隣県都市の公会堂・市民ホールなどに、観客達(多くは子供達とその保護者達)を入れて、土曜日夜八時ジャストにいかりや長介の掛け声も賑々しくスタートするのである。生放送の為、時として不慮の出来事が勃発する事が儘ある。ドリフのコントが終ってバンドの演奏が始まっているのに、次の出番のアイドル歌手の出が遅れる。(彼ら彼女らもコントの一部に出ていて着替えに手間取った為）〔屋台崩し〕（舞台上に作られた建物が、崩壊するのを実際に見せる大きな見せ場）が余り上手く行かず、中途半端の儘で肝心要の最後のオチが決まらないなどが見られた。

恐らく、次に書く事が番組史上最大のアクシデントであろう。これは今でもテレビ業界で語り草になっているらしい。ある回の放送直前、一大事が勃発したのだ。寧ろ珍事と称した方が宜しかろう。それも一大珍事である。何と何と、生放送しなければならない会場の電源が総て切れ、会場は非常口を示す例のランプだけが頼りなさ気に灯り、舞台も客席も唯々真っ暗闇――。長さん以下のドリフの面々、更には現場のスタッフ達は、この途方もない破天荒の異常事態に如何に対処したのか？　答は到って単純。そのまま予定通り、長さんの「さあっー始め様っ」との何時もの掛け声で、何もなかった様に始めたのである。確かにこれは埼玉県のある市での出来事であったと思う。

で、リーダーのいかりや以下のドリフの面々は具体的にどうしたかと言えば、五人各自可成り大きな懐中電灯を持ち、自分の顔を照らしたりメンバー各々の顔を照らしたり、時には会場に詰め掛けているちびっ子達にも、その頼りなさ気な弱い光を当てたのである。会場に充満する大声援。よもやよもやの大熱狂と大興奮――。何時も以上の大盛り上りである。これらが生中継でその儘テレビに映し出されたのだ。会場の電源は何らかの事故で総てダウンしたのであるが、物怪の幸い、テレビ中継用の回線の電源は生きており、TBS本局との繋がりには何らの異常もなかったのだ。（テレビ中継車には、強力な電源車が付随するのが常である）

偶然と言う可きか幸いと言う可きか、私はこれら一部始終を家のテレビで見ていた。言っては悪いが、私はこの驚愕のアクシデントを、底意地の悪さでニタニタと笑いながら楽しんだのである。話が『8時だョ――』に集中して仕舞った。志村けんの死に戻す。私には、彼が大抜擢されて正式メンバーになった当初、当り前ではあるが、志村は他の四人のメンバーに対して可成り遠慮していた気配が濃厚に感じられた。それはそうであろう。彼はリーダーの坊やだったのだから。

　彼がドリフに加わった当初、お笑いの中心は加藤茶が主に担っていて、長さんの意地の悪い突っ込みに、ここぞと許り絶妙にボケるのがコントの中心で、ちびっ子達には加藤はスーパースターで一番の人気者であった。その加藤とコントなどで相対する時、志村が如何にしても引いて仕舞うのも無理もない。が、志村の奇態な言動が直ぐにちびっ子ファンに大人気となり、忽ち加藤茶を凌ぐメンバー一のお笑いの寵児となるのは意外と早かった。詰り、メンバーの中でいの一番に笑いの取れる男になっていたのである。

　そして昭和五十一年、志村が苦し紛れ（理由は長くなるので省略する）にたまたま歌った『東村山音頭』が大受けし、更なるスーパースターへと駆け上がった。昭和六十年、十六年続いた超人気番組『8時だョ！　全員集合』は終了した。その頃は笑いのトレンドが変わり、あれ程高かった視聴率に翳りが見え始めたのである。具体的に言えば、フジテレビが制作したビートたけし、明石家さんまなどがメインのお笑い番組に負けたのである。因みにそのお笑い番組の放送時間は、ドリフの番組と同じ土曜日夜八時である。

　斯くして『8時だョ！　全員集合』は終焉を迎えたのであるが、その後もドリフ自体の快進撃は続いた。彼らのコント自体は相変らずの人気で、各キー局はドリフの長時間の特番を制作し続けたのだ。私もそれらが大好きで大部分を見ている。最早、それらからは志村の遠慮した風情（『8時だョ――』の中盤から感じられなかったが……）は微塵も感じられず、寧ろ、〔コント王〕と称しても決して大袈裟でない様な雰囲気を漂わせていた。

　兎も角、馬鹿らしいのだ。その馬鹿らしさが真面目に馬鹿らしくて大絶賛に価するのだ。急げ急げ——。私に与えられた枚数が終って仕舞う。因って少々端折って先を急ぐ。やがてドリフ解散。その頃の志村けんの人気は弥増しに増し、『バカ殿』シリーズなどを初めとして、数多くのレギュラー番組を持っていた。アクの強いクセのある笑いがこの上なく心地良いのだ。私は嬉々として志村の出る番組にチャンネルを合わせ、これ以上ない馬鹿らしさを真面目に楽しんでいた。

その志村けん（本名は志村康徳）が突然に亡くなったのは三月二十九日。死因は新型コロナウィルスに因る肺炎であった。マス・メディアは大騒ぎ。テレビ各局は過去に放映された彼の番組を繰り返し流し続け、新聞・雑誌は彼への称讃の声で溢れ返った。テレビ各局が彼の番組を繰り返し繰り返し流し続けたのはまだ判る。生前、各局とも志村には視聴率を大いに稼がせて貰ったのだから、彼には恩義がある。

私が屹度して異論を唱えたいのは新聞である。特に私の購読している新聞（小生は貧しいので、全国紙を一紙だけである）に対しては、強い憤りと違和感を覚えた。この新聞は志村やドリフを絶賛し、志村やドリフ絶賛の連載記事を十数回に渡って書き続けたのだ。おいおい、ちょっと待って呉れよ——。今更そんな記事が良く書けたよなっ。君の所は余り遠くない過去、ドリフや志村が演じるコントを、糾弾する側に与していたのではなかったか——。

〔子供の教育上宜しくない〕、〔食べ物を粗末にする〕、〔教育者を舐め切っている〕、〔老人を小馬鹿にしている〕、〔劣情感を煽り立てる〕、〔悪巫山戯（わるふざけ）が過ぎる〕……。その様な彼らを糾弾する声が、一部から澎湃として上がった。それらの運動を大真面目になって主導したのは、全国のＰＴＡを中心とした〔子供達の教育を憂えている〕と称する各種の団体で、私が唯一取っているその新聞は、彼らの御先棒を真っ先に担いだ論調で陰に陽に味方し、ドリフや志村けんらを揶揄しまくっていたのではなかったのか……。それを、志村が新型コロナウィルスで不幸にも死亡したとなると、手の平を返した如くの下にも置かない〔大絶賛の嵐〕――。確か、いかりや長介が死亡した時もそれが見られた筈だ。

彼らを揶揄して批判的な言動を縷々展開していた、過去の事など全く噯にも出さず、只管只管、これ称賛を浴びせ続けたのである。私は志村の死に因って長々と書き続けられた一連の特集記事に、大いなる違和感を抱きつつ、大マスコミ一般に、改めて深く淋しくなる様な暗澹たる失望と、揶揄にも近い嘲笑の一つも浴びせたくなった。

私の唯一購読している新聞は、何時も〔御高説〕をその購読者達に垂れ賜い、現今の日本の情況を愁い怒っている。この新聞社は過去から様々な誤報を性懲りもなく繰り返し、その都度、社の幹部連中が責任を取る形で辞任しているのだが、己の社の主張・論調はそれでも前と何ら変化は見られない。恐らく、これからも変らないであろう。

〔アッパレ〕と申すしかなし。〔オミゴト〕と申すしかなし。〔サタノカギリ〕と申すしかなし。私は五十年近く、この新聞だけを読んでいる。昔から世間ではこの新聞（正確にはこの社が展開する主張や論調）はインテリが特別好むと称されている。若き頃、誠に愚かにも、私も何とかそのインテリになりたくて、この新聞を読み続けて来たのだ。当然とは言えインテリ何ぞにはなれなかったが、今でもこの新聞に〝大変感謝〟している。

私は確信に近い形で以下の様な思いにようよう辿り着いた。この新聞の〔真反対の主張を良とせば〕、世の正義は貫徹されるのだ、と。更に、有り体に身も蓋もなく申して仕舞えば、マスコミなんかは何所も信じないし、勿論、インターネットなどもだ。それらは何らかの情報らしき物を得る一手段でしかない。

志村けんの誠に不幸なる死を伝える報道に対し、私はこんな愚にも付かない馬鹿馬鹿しい感慨が、愚昧限りなき脳裡を過った。だがしかし、ドリフ・志村を今更ながら称讃しまくる記者達を、義憤に駆られて思わず口穢く罵倒して仕舞ったのだが、恐らく、いや、間違いなく、記事を書いた諸君は私より大分若い筈である。因って、幼げなちびっ子の頃、全国のドリフや志村のファンと同様に、彼らの番組に大声援を送った可能性が考えられる。その様に考える時、記者諸君、特に連載記事を書き続けた女性記者（彼女は音楽担当記者で、編集委員でもある）に、一条のエクスキューズらしき物を与えても宜しいのかも知れない。

良く良く考えれば、ＰＴＡなどと一緒にドリフ・志村のコントを指弾し、その記事を書いたのは一世代近い前の先輩記者連中で、決して彼ら彼女らではない。そこに微かな〔希望の光〕を無理にも見い出し、この新聞の主張・論調が少しでも真っ当になれと祈る許りである。新型コロナウィルスの猛威は世界中で多くの死者を出しているが、当然その中には各界の有名人も数多く見られる。日本でも例外ではなく、有名女優もコロナの病魔に襲われて亡くなった。岡江久美子。世間ではおしどり夫婦と称されていただけに一層痛ましさが増す。

再三書いている様にコロナウィルスは数多くの人命を奪ったのだが、当然とは言え他の病魔がこの世からなくなる筈もなく、芸能関係者が他の病気でこの間にも亡くなっている。以下は彼らに関して些か愚見を書く。内田勝正。彼が肝臓ガンで死亡したのは一月三十一日。享年七十五。

内田勝正と聞いても、一般の多くの人でその名と顔を思い出す人は、残念ながら極々少数であろう。彼は役者である。その出演作品は数多い。私は幸いにも役者であるのは辛うじて知っていたが、内田の死を伝える報に、彼の全く知られざる一面を見た。役者・内田勝正を知りたければ、ＴＢＳ系で長い間シリーズ化されている人気時代劇『水戸黄門』を見れば良い。午後四時頃、全国のＴＢ

S系列の地方局で連綿として再放送されている筈だ。
〔水戸黄門〕シリーズでの出演は、これ皆悪役許りで何でも一度も善人役はないらしい。〔水戸黄門〕への悪役出演は役者の中で最多記録らしい。内田自身は内心、その悪役振りを十分に楽しみ、「次はどんな無様振りでヤラれるか」を常に考え抜いていたらしい。見事な役者魂なり。そんな彼の死亡を伝える報道は、内田勝正の全く違う一面をも伝えていた。

彼は〔日本俳優連合〕の副理事長を務めており、特に、無名に近い俳優達の地位向上に大いに努力し、遂に、二次利用された映画作品に対し、それらに出演していた各俳優にも報酬が払われる権利獲得を勝ち得たのだ。ドラマの極悪人は実社会では稀代の善人であったのである。大物監督も亡くなった。大林宣彦。死因は肺ガン。享年八十二。我々は大林を〔映画監督〕と呼ぶが、彼自身は〔映画作家〕と名告(なの)っていたらしい。私は彼の映画を余り多くは見ていない。所謂、〔尾道三部作〕ぐらいか。個人的に大林宣彦に就いて強烈な思い出がある。可成り前の事なので大部分は忘却の彼方なのだが、大林がフランスの監督だったか評論家だったかに、口汚ない罵声を強(したた)かに浴びて聞くに耐えない一喝を食ったのを、今でもまざまざと覚えている。十人近い人数で行われた、内外映画関係者達の討論会での一幕である。討論のテーマは〔反戦〕とか〔平和〕とか〔戦争〕などであった、と記憶している。

戦争・平和・反戦などを〔絶対の正義〕として挙行される、この様な大多数の討論会の常として、意味をなさない観念論やうんざりする理想論が終始飛び交い、私などは忽ち鼻白んで仕舞うのであるが、この短気と思われるフランス人も、その口であったのだろう。彼はおおよそ次の様に一喝したのだ。

「君達は何時までぐだぐだと下らない戯言をいっているんだっ――」、と。座は一瞬にして凍り付いた。それはそうであろう。予定(!?)では、座は和やかに推移して、「反戦・平和を世界の善良なる市民の手で死守し、以て飽く迄反戦を貫くぞっ――」の連呼の内に、シャン、シャン、シャンの大団円となる筈であったのだから。このフランス人が大林を初めとしたこの場に集まる大部分の論者の様に、〝穏やかなる反戦主義者〟だったのか、否、〝もっと過激なる反戦主義者〟だったのか、否々、彼は極々普通の常識人で、大林らの持って回った様な空理空論紛いの〔反戦平和論〕に、唯々、うんざりしただけだったのか。私にはどう考えても兎も角うんざりし、焦れて一喝した様に思えたのだが……。

やっとの事で最後の話に辿り着いた。ここまで我が愚論を読んで下さった人々に、絶大なる感謝の誠を捧げる。もう少しでその愚論も終りますので、今暫くの御辛抱を。

最後はトッポ・ジージョの死亡に就いて書く。最初に書いた様に彼は映画評論家であり、トッポ・ジージョとは、彼の論敵達が揶揄嘲弄する為に付けた嘲りに満ち満ちた綽名(あだな)である。名は松田政男。私が映画に夢中になっていた若き頃、映画監督や映画評論の舌鋒は皆々凄まじいまでに激烈で、毎月、映画雑誌には彼らの個人に対する罵詈雑言がこれでもかこれでもかと躍り、敢えて申せば、当時の若い私はそれらを読むのが〔無上の楽しみ〕(!?)になっていた。難解なのだ。兎に角、難解なのだ。松田政男の物する映画論には恐ろしく難しい用語が縦横無尽に飛び交い、これ全編意味自体を理解するのに痛く難渋した。

松田の死が報じられるまで、私はもうすっかり彼の存在自体を忘却していたのだが、その死の一報が、四十数年も前の映画や映画論に夢中になっていた日々に連れ戻した。松田政男の映画論の中核であり、世上でも一番有名なのは、恐らく、所謂〔風景論〕であろう。今の私に、いや、若い頃の私であっても、松田の展開した風景論を上手く説明する事など出来はしない。繰り返すが難解極まるのだ。そうであるから興味のある方には、彼の製作した映画を見て貰えばと考えた。この映画は実際に起った事件をモチーフにしている。映画の題名は『略称・連続射殺魔』。松田の活動の主力は映画評論であるのだが、映画作りも行ったし、革命家と称して政治闘争にも積極的に関わった。所謂〔永山則夫連続殺人事件〕の映画化である。四人を次々と射殺した永山少年（事件当時）の裁判は、その異常さに世間の耳目を集めたのであるが、永山は事件当時少年であった為、その量刑を巡って何回も下級審に差戻され、賛否両論が渦巻く中、彼、永山則夫は結局死刑に処された。余談であるが永山が獄中で書き上げた手記は、当時ベストセラーになっている。確か『無知の涙』と題されていたのでは。

実はこの事件は別の監督でも映画化されている。新藤兼人の『裸の十九歳』である。永山役は原田大二郎、その母親役は乙羽信子。

新藤作品のテーマはずばり極貧。松田作品のテーマは永山が幼い頃から見て来たであろうその風景。これでもかこれでもかと、永山が幼い頃から見て来たであろう風景のみが延々と続くだけ。この松田の映画には例の大島渚も関わっており、更にその下で助監督を務めた足立正生も一枚噛んでいる。大島には『東京战争戦後秘話』と題された、風景論その物の様な作品がある。製作年度は何と「70年安保」の年である。

その安保騒動の為か、映画界もそこらじゅうでゲバルトが見られた。論争を繰り返す内、味方であった者が敵になり、ずっと敵であった者が今や味方になったりするのだ。松田政男は論敵達からトッポ・ジージョと揶揄されたが、何々、松田自身も論争相手を、言われた以上の口汚なさで罵りまくっているのだ。私と言えば、昔からアンチ・松田であった。彼の死の報が、昔日の恥多き日々を思い出させた。今の私は、もう難解な映画も映画評論も一切目を通さない。コロナで御籠り状態が続く時、今からでもそんな類の本を一冊でも二冊でも読もうか？

それは蓮實重彦か或いは四方田犬彦辺りになろうか。ではあるが、優柔不断な情けない私は未だに思案投げ首の儘で、如何な実行してはいないのだ。多分、いや間違いなく、私はそれを実行しないであろう。嗚呼――。

（２０２０年９月）

色　この厄介なる物

『駅馬車』『風と共に去りぬ』

八十年以上前に公開されたこの二本のアメリカ映画は、〔超映画〕と言っても宜しい様な紛う方なき大傑作である。更に驚嘆す可き事は、その一本はアメリカのテクニカラー社が開発して発展させた〔テクニカラー〕に因る、総天然色映画（何と古色蒼然たる言葉）でもあるのだ。私はテクニカラーの何とも言えない色調が堪らなく好きである。実を申せばテクニカラーなる色は本当の色などではないのだが、その本物らしくない彩度・明度・色相が最高の満足感を運び来るのだ。

最初の映画は、御存知、ジョン・フォード監督、ジョン・ウェイン主演の『駅馬車』。そして次の映画は、D・D・セルズニック監督、ビビアン・リーとクラーク・ゲーブル主演の超大作『風と共に去りぬ』。因みに我が日本での最初のカラー映画は、『風と共に去りぬ』から遅れる事十二年、昭和二十六年（一九五一年）に公開された松竹映画『カルメン故郷に帰る』で、木下恵介監督、高峰秀子と佐田啓二主演である。その内容は、故郷信州の田舎街に〝錦を飾る〟陽気なストリッパーとその同僚ストリッパー嬢二人の悲喜劇である。私が木下のこの作品を始めて見た時、そのクリアー極まる色合いに驚いた。濁りがなく〔ヌケが良い〕のだ。後年知ったのだが、この映画は〔ポジ・ポジ方式〕で撮影されたのだ。映画の撮影は通常ネガフィルムで行うのだが、我が国最初のカラー劇映画は、撮影からカラーポジフィルムで撮られた。

当初のカラーフィルムの感度はまだまだ低く、カラー映画が日本で一般化した時代の四分の一か五分の一程度の感光度しかなく、その為『カルメン故郷に帰る』は大方がロケで成り立っている。そんな事情で万が一の失敗を恐れ、カラーフィルムとは全く別に、白黒フィルムでも同時に撮影された。劇映画のカラー化は映画史的に考えれば、一大革命であったのは間違いない所であったろうが……。何はともあれ、映画に色彩が付く事に因って表現の幅は考えられないぐらい大きく拡がったのだが、私には逆に失って仕舞った物も多かったのではとも思っている。

その不明瞭さ、その不確かさ、そのあやかしさ、その曖昧さ、その一途さ……。それらは別次元の話になるだろうから、前のヌケの続きに戻す。カラー劇映画には、その作品の内容に因っては〔色の濁り〕が表現の幅を拡めたり深めたりする事が、往々にしてあるのが現実でもある。色なる〔曲者〕は、兎も角、厄介なのである。

駅馬車は一心不乱に走る宛(あたか)もインディアン（正確にはアパッチ族）に襲われるのを前提にするかの如くに、唯々、只管(ひたすら)に疾駆し続ける。そして必然としてのインディアンの襲撃。有り体に言って仕舞えば、映画『駅馬車』を見ている大多数の観客達は、心昂らせて兇暴なるインディアンの大襲撃を今や遅しと待ち望んでいたので、その惨劇が始まり出すとやんややんやの大喝采の坩堝と化し、〔正義は我にありの駅馬車の乗客達〕に完全に自己同一化しているのであるから、〔残虐極まりない兇暴なるインディアン達〕の皆殺しを一も二もなく全き支持している。〔もっと殺(や)れ、もっと殺れ!!〕と、内心、指嗾(しそう)しているのだ。そこにこの『駅馬車』の、麻薬的快美感に陥る絶大なる危うさがある。

何も大傑作『駅馬車』だけでなく、殺戮を旨として映画一般の巧まざる危うさがそこにはある。凄まじい暴力性への甘美なる陶酔感。己達より下等と思える者達への動物的嗜虐性。只管に虐殺する事への獣性的本能。人間なる異常に知能の発達して仕舞った動物は、理性の裏側に自らが決して気付き得ないとんでもないデーモンを、密やかにして強かに宿しているのであろう。

駅馬車は人々の人生を、或いは人世を、或いは人性を乗せて疾駆しているのである。当たり前である。乗っているのは須らく人であるのだから。様々な人生・人世・人性を持ち合わせた今迄全く会った事のない見ず知らずの人々なるが故に、そこには〔ある絶対的意味〕が、巧みなまでの狡猾さを秘めて内包されているのだ。西部の荒野を只管に疾走する駅馬車。微塵の躊躇いも見せず襲撃し捲るアパッチ族の戦士。兇暴なる殺戮者を一致団結して反撃するアメリカ人の乗客達。西部劇のダイナミズムの白眉と言っても差支えなく、その心躍る快美な躍動感が凄惨を極める大虐殺を、全き正当化させる多大な要素になり得ている。絶対的正義に因る大殺戮——。

斯くて〔正義の大虐殺〕は多少の犠牲を払いながらも首尾良く貫徹され、〔アメリカ合衆国の正義〕は万々歳の内に見事なまでに維持されたのである。〔アメリカ合衆国の揺るぎなき絶対正義〕の元に、略奪者たる〔野蛮極まりないインディアンなる蛮族〕は辛くも誅滅され、国内の安寧秩序は敢然として維持されたのである。アメリカの揺るぎなき絶対正義は譬え如何なる敵であれ、全アメリカ人の暴力の総結集を以てしてでも誅滅しなければならない——。アメリカの〔絶対の国是〕である。『駅馬車』の主演はアメリカ版男伊達の代表ジョン・ウェイン。日本映画界の男伊達は勿論我らが高倉健その人。

その健さんの背中には常として、唐獅子牡丹を始めとした眼にも鮮やかな刺青が凄絶なまでに彫り込まれているのだが、アメリカ版男伊達デューク（ウェインの愛称）の背中には如何な時にも、スター・アンド・ストライプス即ちアメリカの国旗が燦然としてはためいているのだ。と同時に、その脇には必ずの様にあのZ旗（!!）が翩翻として翻っている感がある。〔アメリカの全き正義〕を身を以て体現している漢なのだから。ロシア戦争の砌、あの日本海々戦で長官・東郷平八郎大将座乗の旗艦三笠に、高々と掲げられた有名なあのZ旗である。即ち戦いの旗だ。ジョン・ウェインは何時にても背中に星条旗とZ旗を恭しく背負い、微塵の疑いもないパトリオット（愛国者）として、アメリカ映画の正義さの最強なる代弁者となった。自由な国アメリカ合衆国に仇なす不逞の奴儕を撃ちてし罷まん――。それこそが漢たるジョン・ウェインの真骨頂なのだ。

　ここからは、視点を百八十度ずらして『駅馬車』を考える事にする。駅馬車を襲ったアパッチ族達は、果してバルバロイ（野蛮なる敵の意で異民族を蔑む言葉）であったのか？　インディアン（この言葉も白い肌の侵略者達の大間違いから発した蔑みの命名）の観点に立って考えれば、何所にあるかも知らない国から白い肌をした侵略者どもが、突然に襲い掛かって来たのだ。侵略者どもは辺り構わず赤い肌の我々の仲間を虐殺し、父祖伝来の我らの土地を根刮ぎ収奪したのだ。白き侵略者どもはこの地を〔新大陸〕などと勝手にほざいているのだが、インディアンなどと蔑まれた名を付けられた原住民達にすれば、「我々は父祖代々この地で日々の生業を立てて来たのであり、突然出現した白き野蛮人どもなどに、勝手に新大陸などと名付けられる謂れなど金輪際ないっ」、である。完全なる正論である。反撃しなければジェノサイド（民族などの大虐殺）になるのは火を見るよりも明らかであり、原住民諸部族連合は渾身の憤怒を滾らせ、侵略者どもを襲撃して手当り次第に屠り捲った。白き侵略者達はその恐怖に恐れ戦き、前にも増しての原住民狩りに狂奔し出した。アングロ・サクソン系を主とした白人達に取っては、インディアン狩りは正に〔全き正義〕の行為であった。

必然としての二つの正義の鬩ぎ合い。随所で繰り返される二つの正義の角逐。絶対に譲れない二つの正義に因って朱に染まる新大陸と称された大地。名匠ジョン・フォードに、インディアンに対して別して強烈な差別意識があり得たとは思われない。ジェロニモ族の駅馬車襲撃は、唯々面白いアクション西部劇を作らんが為の一素材でしかなかった筈だ。アクションを売り物とする一連の西部劇では、残忍で頑強なる大悪人が不可欠な一大要素となる。名匠はその定理に従った迄に過ぎない。一素材として登場させられた原住民・ジェロニモ族の正義の襲撃は、結果として、見るも鮮やかな活力感をこの上なく現出させ、斯くて、『駅馬車』なる映画は西部劇の最高傑作として伝説化したのである。

以後、それは〔兇暴なる残虐な野蛮人インディアン〕の確なる定着化でもあった。以降、赤い肌を持つ原住民インディアン諸部族への諸差別は、連綿として続いているのである。ネイティブ・アメリカンであるインディアンを敵役とした西部劇はごまんとあるのだが、私に与えられたスペースには限りがあるので超名作『駅馬車』を以てその代表と為し、後は私の意のある所を類推して欲しい。猶、それらのアンチ作品としてインディアンを主人公にした名作も数多くあるのだが、これらも同様記すスペースがない。監督ジョン・フォードの名誉の為に書いて置くが、後年、ネイティブ・アメリカンであるインディアン達に、彼らを敵役とした映画を作った事に心から詫びて赦しを乞うた。

昨年、ミネソタ州ミネアポリス市で黒人男性が微罪容疑で逮捕時、白人警察官の度し難い暴行を受けて不幸にも死亡した。その時、偶然に撮られていた映像がインターネットを通じて全世界に流れ、忽ち大問題となって世界中を震撼させた。アメリカ建国以来の宿痾、白人の有色人種への差別。

この事件とほぼ同時期、アメリカ映画史上最高傑作との誉れも高い超名作が、今後上映或いは放映出来なくなるかも知れない、との衝撃的ニュースが駆け巡った。その作品こそ例の『風と共に去りぬ』。理由は黒人女性奴隷の描き方であった。この映画の内容を一言で言えば、南北戦争前後のアメリカ南部を巡る話である。折しもアメリカでは、パワハラやセクハラの件が数多く槍玉に上っていた。更には、所謂＃ＭｅＴｏｏなるハリウッドの女優達の赤裸々な発言がそれに追い討ちを駆けた。彼女らが必死の思いで上げた抗議の絶叫は、瞬く間に世界中に拡散したのだが、その抗議の発言は必然的に総ての差別への糾弾として拡がった。

ハリウッド女優達へのパワハラやセクハラ、又はその全く逆の現象である女優達の肉体を使っての配役獲得などは、ハリウッド黎明期から囁かれていてその悲喜劇は常に楽屋雀達の恰好の話題として取沙汰されたのだが、それらをテーマにした映画も数多く作られ、中には注目に値する様な作品も散見された。嫌がらせや差別に関してはこの御仁にも是非にも、御登場願わしいと存じ候う所なり。前アメリカ大統領ドナルド・トランプ閣下。多くの人が知っているので詳述はしないが、彼の人のパワハラ・セクハラ発言が皮肉にもその内容の深刻さを却って浮彫にし、今やパワハラ・セクハラ・人種差別などは、世界全体でいの一番に根絶しなければならないイシューとしての認識が深まった。

アメリカに於ける差別を指弾するだけでは、公平さを欠く怨みがあるので我が国の差別に就いても記す。この老人の何気ないジョーク崩れの間抜け極まる一言が、今次のオリンピック・パラリンピックを危うくさせる激震となった。組織委員会々長森喜朗。森会長の〔女性蔑視発言〕は、立ち所にマス・メディアや識者達らの批判の集中砲火を浴び、彼は止むなく会長職を辞するに到った。

恐らく、彼には女性を蔑視する意図などさらさらなかったと思う。彼は軽いジョークを言う心算で、「女性が沢山入っている会議は時間がかかる」などと発して笑いを取ろうとしただけだったろうが、それは森の認識なる物が全く以て甘かった。大甘であった。

軽口で最初に笑いを取って場を和ませ、その後やおら本筋の議論に誘導し様と目論んだのだろうが、このオッサンの機智のないベタな〔親父ギャグ〕なる代物は、全くウケる事なく大コケになり果て、己の首を絞める皮肉的で無惨なる結果を招来させて仕舞った。森会長の女性蔑視発言なる代物が人種や国籍や性別の平等を謳う、オリ・パラ憲章に抵触するとの事でこの様な結果を招来したのだが、先に書いた如く、彼には恐らくそんな大それた意識など微塵もなく、極く卑俗的に譬えれば、下手糞なお笑い芸人が、ここぞと許りに笑いを取りに行った自慢のギャグが見事に失敗して大スベリしてすごすごと退散、と殆ど同様の事ではないのかと思われる。

組織委員会の会長と言う要職にある人物の発言と、下手なお笑い芸人のコケを同列で語るなとの批判もあろうが、私にはその程度の低次元の問題だと思われる。こんな他愛ない失言を平気でする辺りが、〔鮫の脳味噌を持つ男〕と揶揄される所以であろうか……。あの様な発言を公式の場ですれば、必ず、オリ・パラ開幕に反対する勢力、具体的に記せば、野党の大多数、それを陰に陽にと支援する左翼・左派・リベラル系マス・コミ、更にはそれらに手もなく同調する識者達に、絶好なる機会を自ら与える事になるのを全く気が付かない所など、矢張り、鮫の脳味噌を持つ男と言わざるを得ないのか。

森前会長の女性蔑視発言なる物を取り上げたが、それよりは実はこちらの差別の方が深刻であると思われる。世界経済フォーラムがこの度発表した〔ジェンダーギャップ指数〕である。それに因ると日本女性の社会的地位は、何と世界百二十位。世界最低クラス。総ての女性達よ、蛮勇を振って立ち上がれ。

差別に関しては次の深刻なる事象も絶対に書かねばならない。中国に於ける様々な差別と弾圧だ。ウイグル人、モンゴル人、チベット人。中国で大多数を占める漢民族に因る、ウイグル人・モンゴル人・チベット人に対する差別や弾圧は、言論・思想・報道の自由が何ら認められていない共産国家故、詳細かつ精緻なる情報は残念ながら確とは判らないのだが、インターネットや国外に脱出した彼らの親族などから朧げながら判る様になった。世界は果してそれに有効なる対抗策を取れるのか？　中国以外にも同様な国家が沢山存在する。ロシア、北朝鮮、ミャンマー、ベラルーシ、シリア……書き出せば限りがない。更にはイスラム教を国教としている国々。この様に世界を観望すれば枚挙に遑がなくなるほどだ。

紙幅も尽き様としている。形だけでも何とか愚論を纏めねば。『駅馬車』と『風と共に去りぬ』に就いて私の思う所を些か書いて来た。特にそれらに見られる差別性に就いて。更には『風と共に去りぬ』に関しては色彩に就いても。矢張り最後は最初に戻り、二作品に関して書きそびれた事柄を記す。

『駅馬車』は万人の認める、超映画とも言える名作中の名作である。異論を挟む余地などはないと思うのだが、然に非ず、中には滅茶苦茶に腐す御仁もいるのだ。その代表として二人を上げるが、その二人共、困った事に私の好きな人物である。先ず一人目は、脚本家であり、映画評論家であり、人物評論家であり、社会時評家でもあった石堂淑朗。石堂は斯くの如く宣う。

完璧な構成に驚いた。南北戦争の後遺症からアル中になって彷徨(さまよ)っている医者など、登場人物も実によく描けていると思うが、所詮は一般論から一歩も出ていない。旨いことは旨いがやはりバーボンで、スコッチではない。

私は思う、これぞ蘊蓄のある論難であろうと。一言居士、否々、これぞ〔暴言居士〕(!?)。更にはもう一人の暴言居士フランソワ・トリュフォー監督の驚く可き一言。

あの老い耄れくたばったかっー。

彼トリュフォーはジョン・フォードの死を聞いて斯くの如く叫んだと伝えられている。私にとって意外であったが、それにしても、何とも凄まじいまでの暴言であろうか。寧ろその正直さと素直さに、反って好感すら持って仕舞う。正に、寸鉄人を刺すの慣用句の如くの暴言は、発した者の知性の内実が真に問われているのだ。そして、私の赤っ恥になる様な話であるのだが、トリュフォーの様に正直さと素直さを以て偽りなく記す。映画『駅馬車』は、フランスの大作家であるモーパッサンの小説、『脂肪の塊』を下敷とした作品であるのはそれなりに知ってはいたが、さて『脂肪の塊』とはどんな内容の小説だったかはもうすっかり忘れているのだ。

次は『風と共に去りぬ』に就いて。特にその色に関して。発色の基本原理はこの作品が製作される可成り前から欧米などの先進国では判っていたのだが、カラー劇映画はこの作品を以て嚆矢とする。光の三原色である赤・青紫・緑をそれぞれ別のフィルムに感光させ、更にその三本のフィルムを重ねて一本として色彩を作り出す。フィルムを複数重ねなければ色は出ないので、如何にしても画面自体の鮮鋭度は甘くなって仕舞う。ではあるが、その鮮鋭度の甘さが逆に柔らかさや円やかさを醸し出して、テクニカラーの独特の色合いと上手い具合に融合し、表現それ自体には何とも言えない深みを与えてもいるのだ。

『風と共に去りぬ』を逸早く鑑賞した意外な日本人がいた。驚くのは戦時中にだ。その人の名は松竹の高名な監督小津安二郎。戦時中報道班員として徴用された小津は、南方で日本軍が鹵獲したこの作品を見る機会を得た。彼は日本映画との桁違いな壮大なスケール感と、当時日本にはなかったカラー映画の素晴らしさとに、心底驚嘆したと伝えられている。極めて日本的な情感だけをしつこい程丹念に描き続けた小津安二郎に、果して、戦時中に南方で鑑賞した『風と共に去りぬ』は、戦後、如何なる影響を与えたのだろうか。又は全く与えなかったのか。実に興味のある所である。

赤・黒・黄・白。人類の肌の色は地域に因って皆違う。如何せん差別は今も続く。残念ながら将来も長く長く続くと予想される。所与の諸条件は世界中の何人も如何ともし難い。肌の色や性別などはその典型である。〔差別なる概念〕は、世界中如何なる所でも必ずのように存在している。極めて残念至極ではあるが、それを否定する事は真実その物を否定するに等しい。

果して、我々は差別が存在しない様な世界を築く事が可能なのだろうか？　否、そんな事は所詮無理で、これからも世界中のあらゆる所で、差別なる物はずっと続くのだろうか？　私にはその答は明確には判らない。〔人種差別絶対反対〕・〔民族差別根絶〕・〔女性差別糾弾〕これらのスローガンは全く正しく、微塵も反論の余地はない。それらは宛も〔戦争絶対反対〕・〔核兵器全廃〕・〔反戦平和は全き正義〕と同様、如何なる意味に於ても反論の余地すら見出せない。

であるからこそ、私はそこに疑念の焔が吹き上がるのも偽らざる事実である。人皆声高に絶叫する〔絶対正義〕程危険な物はなく、時として、その絶対正義なる事象を疑って見るのも必要なのではないか。極めて皮肉っぽく申せば、その様に疑い抜き疑い抜いた末、絶対正義らしき物が仄見えて来るのではないか。勿論、明確な輪郭などとはとても言えないのだが、実相の極々一部なりとは見え隠れするのではないか。

『駅馬車』と『風と共に去りぬ』を久しぶりに見て、斯くの如くの夢想にしばし揺蕩（たゆた）った。つまらない暴論・愚論を読了して下さった皆々様に感謝申し上げます――。

（２０２１年９月）

ヴィットリオ・デ・シーカとセルゲイ・エイゼンシュテイン更には佐藤忠男と山根貞男

露西亜無頼

〔キエフ・ルーシ〕或いは〔キエフ・ロシア〕と言う言葉がある。ロシアの名称は東スラブ族の一種族ルーシ族に由来する。そして九世紀、今のキーウ（ロシア語ではキエフ）を中心に、ウクライナ人やロシア人を含めたキエフ公国が成立した。それが紆余曲折を経て帝政ロシアへと発展した。十八代三〇四年間続いたロマノフ王朝である。私はこれこそが今回の惨劇の根本であると思う。

ウクライナ人とロシア人は言わば兄弟民族であり、皮肉にも兄弟である故、時として睦み合い、時として諍いを引き起こしている。愛憎相半ばである。共産党絶対のソ連邦であった頃は、強権的な中央統制に因って何とか押え込まれていたが、ソ連邦は一九九一年に脆くも崩壊に追い込まれた。〔ロシア無頼〕と言う言葉を始めて知ったのは、私が二十代後半か三十代の初めであった。ある評論家の著書を読んだ時である。博識な人物で評論は多岐に渡ったが、ロシア文化・文明を論じた中でこのロシア無頼なる言葉を知った。

彼は〔露西亜無頼〕と記しているのだが、私は彼の論の進め方に魅了された。無頼とは無頼漢と殆ど同じ意味で、ならず者、ごろつき、悪漢とも称される。更に今一つの意味は、よすがのない人、頼る所のない人の意味もあるのだ。その著書には、ロシア人の精神性や心根や情緒や情動などの有り様が、極りなく精緻に論証されていて、私はそれ迄の己のロシア観を改めざるを得なかった。彼はロシア芸術一般の奥深さ。更にはその途轍もない野放図さ。その打ち震える許りの深遠さ。その驚く程進んだ前衛さ。それとは真逆のその保守性の頑迷さ。それぞれに強い説得性があった。ロシア無頼を知った同じ頃、ロシアの民話〔イワンの馬鹿〕なる話も知った。このロシア民話を元に、ロシア最大の文豪トルストイは、悪に対する無抵抗の思想を説いたのだが、ロシア大衆の持つ精神性の不可思議さには暫し戸惑った。繰り返す。〔露西亜無頼〕とは良き意味も悪しき意味も含んでいるのだ。ロシア軍がウクライナに進軍した当初、それを伝える各テレビ局のワイドショーなどは、ウクライナの国を紹介する取っ掛かりとして、あの泣きに泣かせる〃涙の反戦映画〃『ひまわり』を、さも得意気に語る若きキャスターやアナウンサーが複数認められた。であるが、かくの如くの皮肉を噛ませても、第一当の私自身が彼らと同じその映画を思い出していた。ロシア軍が先端を開いた今年二月二十四日早朝。その衝撃のニュースを逸早く伝えるラジオを聞きながら、驚愕の脳裏に先ず浮かんだのは映画『ひまわり』の伝説的名場面、何所までも何所までも乱れ咲く黄金色に輝く向日葵畑であった。それと同時に脳裏を掠めたのは、ロシアの同盟国ベラルーシから怒涛の如く進軍しているであろう、ロシアの新鋭戦車T七四・T八〇を核としたロシア機甲部隊の荒ぶる姿であった。映画『ひまわり』は一九七〇年度公開のイタリア映画で、監督はヴィットリオ・デ・シーカ、出演はマルチェロ・マストロヤンニ、ソフィア・ローレン、リュドミラ・サベリーエアである。

内容を一言で言わば、第二次世界大戦で対ロ戦線に投入されたイタリア兵と故国で待つその妻、更には、戦い敗れ瀕死状態に陥ったそのイタリア兵を救う、敵国ロシアの若く美しい女、彼ら三名の悲しくも切なくなる至高の愛の物語である。監督のデ・シーカはイタリア・ネオリアリズモの巨匠で、『靴みがき』、『自転車泥棒』、『ウンベルト・D』などの名作がある。『ひまわり』は記した三人を中心に展開して行くが、映画の題名通り、この作品の真なる主役は向日葵その物である。イタリア・ネオリアリズモの巨匠デ・シーカの腕はこの映画でも冴え渡り、咲き乱れる向日葵や延々と続く向日葵畑の描写には唯々唸らされて見入るしかなく、人の生きて行く悲しみを無言のうちに強烈に訴えている。

咲く花に心などあろう筈もなく（恐らく）、勝手に咲いているのであろうが、丸で女と男と女この三人の関係を、悲しむかの様に、憐れむかの様に、痛むかの様に咲き乱れて、吹く風に唯々揺蕩っているのである。向日葵はウクライナの国花。ウクライナに些か関係するロシア映画（ソ連映画と言う可きか）に就いて記述する。世界の映画史を繙けば、必ずの様にこのソ連映画は記載されている筈である。『戦艦ポチョムキン』。製作年度は一九二五年。ロシア革命二十周年記念映画として製作された。一九〇三年、ウクライナ（当然、当時は帝政ロシアであった）で実際に勃発した、戦艦ポチョムキン号の水兵達の反乱事件を描いている。

水兵達の反乱それ自体は失敗したのであるが、以降、それを端緒として革命の機運はロシア全土に燃え広がり、一九一七年、ロシア革命は遂に成就した。故に、『戦艦ポチョムキン』なる映画は、ソ連邦に取って〔神聖なる革命の映画〕であった。監督はセルゲイ・ミハイロヴッチ・エイゼンシュテインである。この映画の眼目は、所謂〔モンタージュ理論〕を物の見事に実践し、それ迄のその種の映画を凌駕した事であろう。故に、今でもモンタージュと言へば、必ずや『戦艦ポチョムキン』の名が上がる。モンタージュが顕著に見られる他の名作を記せば、アメリカのD・W・グリフイス監督の『イントレランス』（一九一六年）、フランスのアベル・ガンス監督の『ナポレオン』（一九一九年）、同じく『鉄路の白薔薇』（一九二三年）などが名高い。

　モンタージュ論を極々簡単に言へば、〔カットそれ自体の意味性を残しながらも、カットとカットを繋ぐ事に因って、それ以上の意味を生じさせる〕、であろうか。『戦艦ポチョムキン』で言へば、彼の有名な〔オデッサ階段での群衆虐殺シーン〕がその典型である。（今はウクライナ語でオーディサと言う可きだろうが、当時は帝政ロシア治下であるのでその儘にした）

　名作許りではない。次は超の付く大愚作を書く。付けも付け足り、白々しくも選りに選ってその題名は、『ヨーロッパの解放』全五部作。何年度公開だったかもう忘れて仕舞ったが、一九七〇年代である。ソ連邦こそが、ナチズム国家・ドイツやファシズム国家・イタリアから全ヨーロッパを解放したのだとの、完全なる彼の国のプロパガンダその物の映画である。クルスクはロシア南西部の黒土地帯にある交通の要衝の町である。その地の周辺で一九四三年七月から八月にかけて、第二次世界大戦で最大の大戦車戦が展開された。ソ連ドイツ両軍合わせて、戦線に投入された戦車・装甲戦闘車輌の総数は実に数千輌に及ぶ。ソ連軍は多大な兵士や車輌を失ったが辛うじてこの戦車戦に勝利し、何とかドイツ機甲部隊の進軍を阻止した。

　プロパガンダその物の正に国策映画である為、資金は惜し気もなく使われ、ドイツ軍の四号戦車や五号戦車なども本物そっくりに作られ、ソ連を救った戦車と称されているT三四型戦車などは、それこそ獅子奮迅の大活躍を見せる。〔我が祖国ソ連万々歳〕を暗に示唆、否、露骨に主張する鼻持ちならない下の下の国策映画である。

　今からその鼻持ちのならなさを逐一あばき、この卦体糞（けったくそ）悪い国策映画を粉砕する事にする。ソ連の機甲部隊とナチス・ドイツの機甲部隊とは、その成立過程からして兄弟であり、言わば瓜二つの双生児である。第一次世界大戦で敗北したドイツ帝国は厖大な賠償金を払わされ、更には軍備を最小限に制限され、国民の不平不満は深く静かに沈潜して怨念へと変り、やがてそれは燃え滾る憎悪となった。そしてその感情こそが、ナチスを生む母胎へ変った。政権を合法的に掌握したナチスは、不満渦巻く国民にベルサイユ体制打破を訴えて愛国心を煽りに煽り、熱狂の嵐の内に着々と再軍備への道を歩み始めた。

そして、革命で帝政ロシアからソ連邦へと激変した東の大国に思惑を秘めて接近し、その絶対的指導者のスターリンの下、秘密裏にドイツ軍の機甲部隊の育成を要請した。勿論、スターリンはその要請を快諾した。稀代の二人の陰謀家は、〔腹に一物〕を秘めて手を握り合ったのだ。である故、ソ連とナチス・ドイツの機甲部隊は正しく双生児なのである。一九三九年、〔独ソ不可侵条約〕は調印された。片やナチズムを片やコミュニズムを信奉する二人の独裁者は、この不可侵条約でお互いの隣国ポーランドを分割して自国領化したのだが、この全体主義体制両国の友情は長くは続かなかった。二年後の一九四一年の六月、ナチス・ドイツ軍はソ連領に破竹の勢いで進撃し、忽ち、今やソ連領と成り果てたポーランド東半分を占領した。〔独ソ戦〕が遂に勃発したのだ。

慢心していた前線のソ連軍は、ドイツ機甲部隊の電撃作戦に連戦連敗でズルズルと後退した。前記したクルスクでの大戦車戦はその一環であるのだが、ソ連軍がドイツ機甲部隊に辛勝した例外的な闘いであった。ソ連は遂に首都モスクワ北西四〇キロまでドイツ軍の進撃を許し、正に国家存亡の機であった。そんな絶体絶命のスターリンが最後に頼ったのは、何と〔宗教〕。茫漠たる大地が延々と続く国ロシアでは、その大地の為せる業か民衆の宗教心はこの上なく敬虔で、国教とも言えるロシア正教は農民を初めとした大衆一般に強い影響を与えていた。必然的にそれはロマノフ朝にも影響を与え、ロシア正教は国全体をも差配する強大な権限を持つに到った。

「宗教は阿片である――」、コミュニズムはかくの如く宣う。である故、スターリンはロシア正教を徹底的に弾圧して根絶やし寸前まで追い込んでいた。が、国家存亡の危機に一転。スターリンは内心ではロシア正教を信じる民衆に向かい、宗教心に起因するその愛国の情に切々と訴え、「ドイツ軍のナチ野郎どもを祖国ソ連邦全土からたたき出せっー」と獅子吼した。今一つ、ソ連に味方した思わずの物があった。冬期に於ける想像を絶する極寒である。英雄ナポレオンをも敗走せしめたあの厳寒。ソ連ではナチス・ドイツとの戦いを〔大祖国戦争〕と称している。それは、ナポレオンとの闘いを〔祖国戦争〕と称しているので、それとの関係に起因している。

この項の最後はやはりエイゼンシュテインで終りたい。現在は違う国になったが、当時はソ連邦であったラトビア国生まれの彼は、一九二〇年代から一九四〇年代のソ連映画を代表する監督かつ理論家であり、世界の映画界に与えた影響は実に絶大で計り知れないし、若し映画の教科書と言った物が存在するのなら、必ずやモンタージュ論と一緒にその名前が記載されているだろう。今日、彼を如何に評価すれば宜しいのであろうか？

絶対的独裁者スターリンから、自分の監督した作品群を様々に批判された彼は、苦悩や懊悩や煩悶をその心の奥深くに強烈に感じながらも、修正や改変や撮り直しを、万感こもごもの中で決断して実行した。ここには〔自由〕の問題が、取り分け〔表現の自由の問題〕が、鰐口以上の〝大鰐口〟がその牙を剥いてうろうろしているのである。国家と表現の自由。政治指導者と表現の自由。圧制と表現の自由。そんな様々の関係性が、業火の如く〔冷たく燃え立っている〕のだ。

遅くなったが彼の監督作品には次の様な物がある。前記した一九二五年の『戦艦ポチョムキン』、一九二七年の『十月』、一九三八年の『アレクサンドル・ネフスキー』、そして、一九四一年から一九五八年の長きに渡って製作された『イワン雷帝』二部作など。

現今のウクライナ情勢を縷々伝えるワイドショーの呆れる許りの体たらく振りに、ある種の悍(おぞ)ましさを感じるざるを得ない。キャスターやアナウンサーの余りの無知振りにだ。彼ら彼女らの多くは、全く〔戦争〕を理解していない。否、より正確には〔戦争と言う営為の一般概念〕をだ。「戦争反対」、「反戦平和」などの手垢の付いた標語をのべつ叫んでいるだけでは、ワイドショーのアンカー・マンやキャスターは失格と言わざるを得ない。

紙幅がないので、誤解を承知で結論だけ書く。〔愚者の楽園〕で安逸を貪る我々日本国民は、早晩、〔失楽園〕と堕ちるであろう。果して、〔復楽園〕へは還る事が出来るのであろうか――。現在の戦争の所謂〔情報戦〕に就いても書きたかったが、これも全くスペースがないので断念する。

博覧強記

映画評論家佐藤忠男が亡くなった。齢九一。佐藤は戦後直ぐ雑誌への映画評などの投稿が認められ、やがてプロの映画評論家になったのだが、爾来、今日に到るまで驚く程長きに渡って第一線で評論活動をして来た人である。彼が投稿した雑誌・評論誌の中に、鶴見俊輔が主幹していた『思想の科学』があった。その鶴見俊輔は、佐藤の映画評を「実に分析的である」と絶賛し、評論家への道を応援した。佐藤は本業であった映画評論のみならず、演劇論・戯曲論・小説論、更には文化・文明論などの多岐に渡って論じた。書き上げた単行本は優に一〇〇冊を大きく超える。

更に驚くのは、評論家生活の途次から、当時日本では殆ど馴染みのなかったアジア、中近東、アフリカ諸国の映画を我が国の小さな上映会などに掛け、その作品の日本での公開にも仲介の労を惜しまなかった事だ。佐藤は〔海軍飛行予科練習生〕出身であった。予科練で訓練を受けた期間は僅か六ヶ月。何故なら、昭和二十年八月十五日、大日本帝国は音を立てて崩潰したからである。戦後、佐藤青年は国鉄職員になったのだが、国論を二分した例の大合理化で敢えなく馘首となり、食わんが為に泣く泣く電々公社職員へと転職した。その間、佐藤の唯一と言って宜しい慰めは、只管映画を鑑賞する事であった。

そして鑑賞した作品の評を必死に書き上げ、諸々の雑誌への投稿であった。彼のそんな経歴から か、佐藤の物する評論には、何処かに弱者への温かい眼差しの様な柔らかさが感じられた。一九六八年、私は上京した。別して勉強何ぞしたかった訳ではなく、唯々、田舎の耐えられない隠微な閉鎖性が、小生意気な若者(今では口煩い唯の爺に変り果てたが……)には、憤懣遣る方なしの八方塞がりで、兎にも角にもそこから脱出したかっただけだ。であるから、入学直後、学校には全く足が向かなくなり、日がな一日映画館に入り浸り、香り高いと称される文芸映画や難解を売りにする前衛映画を初め、煽情的なピンク映画から唯々セックスだけを見せる(但しボカシあり)洋ピン(外国製ピンク映画。ソフト・コアとハード・コアの両方あり)まで、あらゆるジャンルの映画作品を見捲った。

そんな時知ったのが、当時最も旺盛な評論活動をしていた佐藤忠男の著書であった。映画三昧の日々を送っていたので、忽ち彼の評論に魅了されて読み捲った。又、映画館に入り浸った頃から、映画を論じた月刊誌も読み始めていた。定期購読したのは次の三誌。『映画評論』、『映画芸術』、『月刊シナリオ』。特に、『映画評論』と『映画芸術』は毎月発売日が待ち遠しく、発売されるや否や直ちに貪り読んだ。当時の世相を反映してか、それらに掲載される一文は何人の筆致も皆々荒々しく、過激であり戦闘的であり非妥協的でありで、常に喧嘩腰の危うさに満ち満ちていた。田舎出の何も知らない私は、それらに驚愕しながらも興味津々で貪り読んだ。

佐藤忠男の評論一般は、それらの物とは明らかに大きな差異が感じられたが、当時の私は両方とも手当り次第に読み捲り、彼ら彼女ら高名な評論家達の〔筆法の妙〕に痛く感動したのを覚えている。そこから学んだのは、——評論とは実にヤバく剣呑な所行であり、何時如何なる時に何人から批判の矢が射掛けられるか判らない——、といった冷徹な事実である。と同時に、—映画評論家と称されている人種は、ヤクザなはったり屋でゆめゆめ信用などしてはならない——、といった事も又真実であると認めざるを得ない。映画評論家佐藤忠男、享年九十一歳。合掌——。

四万七千三百円。高い。貧乏生活をしている私などにはとても求める事は出来ない。最近一冊の事典が三省堂から出版された。『日本映画作品大事典』。一九〇八年（明治二七年）から二〇一八年（令和元年）まで、我が国で製作された映画類一万九千五百本（!!）が、総て網羅されているのだ。それを編集したのが、映画評論家の山根貞男である。考えてもみよ、高名で売れっ子とは言え一人の映画評論家が、日本で製作されて公開された総ての映画作品の事典を作る何ぞは想像を絶する。

東京の京橋にある〔国立映画アーカイブ〕を筆頭とした準公的な映画・映像諸研究機関や、離合集散を繰り返して現在に到る映画会社なども、完全な形ではない迄もそれ相応にはやっているのだが、今迄我が国で製作された映画総てが網羅されているのは驚嘆の一言以外言葉が見当らない。私は山根貞男の映画評論や著作類を読む度、その桁外れた博覧振りや語彙表現の巧みさとに何時も舌を巻いて唸った。彼は辞書を引かなければ理解出来ない様な難解な言葉や、一部の哲学書で出くわす様な観念の上に観念を重ねた晦渋な言廻しは決してしてはいないのだが、その表現は一貫して高尚であり佳麗であり煌々しいのである。私は山根の評論集を数多く所有しているのだが、『遊侠一四　加藤泰の世界』『任侠映画伝』は、今でも折に触れて再三再四に渡って読み返している。

加藤泰こそは我が一番に好きな監督である。一九五三年『風と女と旅烏』、一九六二年『瞼の母』、一九六五年『明治侠客伝　三代目襲名』、一九六六年『沓掛時次郎　遊侠一匹』、一九六九年『緋牡丹博徒　花札勝負』。彼が監督した映画の題名を書き出しただけでも胸が躍る。山根も『遊侠一匹加藤泰の世界』の中で、それらの作品の素晴らしさを筆を尽して書き連ねている。〔稀代の名評論家、稀代の名匠を語る〕の感あり。

殊に中村錦之助が主演した三本、『風と女と旅鳥』、『瞼の母』、『沓掛時次郎　遊侠一匹』は、錦之助の繊細さ極まる迫真の演技や、加藤の超ローアングル長廻しカメラ等の解説で、他の孰れの評論家も達し得ない評論の地平にまで行き着いたと思う。少し硬い表現をすれば、鋭敏な映画的感性が切れ味鋭い反応をみせて穣々と結実され、それは瞬時、類い稀な言語中枢を維持している大脳から、〔山根ワード〕となって陸続として紡ぎ出されて行く、とでも言え様か。

『任侠映画伝』は、〔東映任侠映画の事実上の生みの親〕俊藤浩滋プロデューサーへの、山根貞男の聞き書の体裁を取っている。俊藤はあの女優藤純子の父親でもあり、若い頃、実際に任侠世界の人々とも交遊があった。彼の語る様々な裏話や秘話は、東映ヤクザ映画ファンなら必読の書である。

『日本映画作品大事典』は、この先、人々に如何に利されて行くのだろうか？

最後は評論行為に就いて些かシニカルに。一般的に言ってあらゆる創作分野の評論家などは、別段、存在しなくても宜しいのかも知れない。他者が場合に因っては〔命懸けで創作した一物〕を、〔口先三寸〕で甲論乙駁して無理にでも優劣を付けるのだから。

辛うじてその存在意味らしき物があるとするなら、それは唯々、鑑賞者の〔鑑賞の糧の極々細やかな一助〕になるかも知れない、と考えられる程度の事であろうか。嗚呼——。

（２０２２年９月）

●初出誌一覧　※すべて『シネマ気球』に掲載

わが菊地浅次郎、私もあなたのようになりたかった　2号　1983年8月
錦之助よ、さらば。闇の中で赤く咲け!!　3号　1983年12月
鶴田浩二論　第一回　24号　2004年9月
　　　　　　第二回　25号　2005年8月
　　　　　　第三回　26号　2006年9月
三十七年目の映画『憂国』　27号　2007年9月
名作『血槍富士』と名曲『海ゆかば』そして、鎮魂――　28号　2008年9月
「止めて下さるな、妙心殿！」廉価DVD『平手造酒』とわが青春　29号　2009年9月
何よりもダメな映画『戦艦大和』　30号　2010年9月
限りなき大胆さと臆病な程の繊細さの間の中で　31号　2011年9月
爾らの霊の眠る山　32号　2012年9月
――無機的な、からっぽな、ニュートラルな、中間色の、富裕な、抜目がない――　33号　2013年9月
寒い国から還った参謀　34号　2014年9月
任侠と〝老惨〟　35号　2015年9月
生涯一エロ女優　37号　2017年9月
「うみゃえでいかんわっー」　38号　2018年9月
黄泉路へと急ぐ者達への挽歌らしき一文或いは誄歌らしき一文　40号　2020年9月
色　この厄介なる物　41号　2021年9月
ヴィットリオ・デ・シーカとセルゲイ・エイゼンシュテイン更には佐藤忠男と山根貞男　42号　2022年9月

●主要参考文献

『二・二六事件　獄中手記・遺書』河野司・編　河出書房新社
『刺青・性・死　逆光の日本美』松田修・著　平凡社
『テレビドラマ　伝説の時代』升本喜年・著　扶桑社
『戰艦大和の最期』吉田満・著　創元社
『わがいのち月明に燃ゆ　戦没学徒の手記』林尹夫・著　筑摩書房
『英霊の聲』三島由紀夫・著　河出文庫
『回想　回転扉の三島由紀夫』堂本正樹・著　文春新書
『三島由紀夫伝説』奥野健男・著　新潮社
『決定版　三島由紀夫全集36』新潮社
『戦後派作家は語る』三島由紀夫ほか・古林尚・著　筑摩書房
『信時潔』新保裕司・著　構想社
『「海ゆかば」の昭和』新保裕司・編著　イプシロン出版企画
『週刊アサヒ芸能』２０１１年５・５－５・12ＧＷ合併号　徳間書店
『死の懺悔　或る死刑囚の遺書』古田大次郎・著　春秋社
『坂の上の雲』司馬遼太郎・著　文春文庫
『機密日露戦史』谷寿夫・著　原書房
『若松孝二　反権力の肖像』四方田犬彦・平沢剛・編　作品社
『不毛地帯』山崎豊子・著　新潮文庫
『瀬島龍三　参謀の昭和史』保阪正康・著　文藝春秋
『正論』２０１３年11月号　産経新聞社
『甦る　昭和脇役名画館』鹿島茂・著　講談社
『遊侠一匹　加藤泰の世界』山根貞男・編　幻燈社
『任侠映画伝』俊藤浩滋・山根貞男・著　講談社

【著者略歴】
鈴木輝夫（すずき・てるお）
昭和24年、静岡県生まれ。
東京写真大学卒業。
療養生活の傍ら映画、歴史などを研究。
令和5年病没。享年73歳。

JASRAC 出 2403526－401

若き日の映画への熱狂
わが菊地浅次郎、私もあなたのようになりたかった

2024年7月15日初版発行
著　者・鈴木輝夫
発行者・関田孝正
発行所・ごまめ書房
住　所　〒270－0107
千葉県流山市西深井339－2
電　話　04（7156）7121
FAX　04（7156）7122
振　替　00180－8－462708
印刷・製本・モリモト印刷株式会社

ISBN978－4－902387－40－7
C0074¥1800E

ごまめ書房の映画の本

昭和映画屋渡世　坊っちゃんプロデューサー奮闘記

斎藤次男・著　『切腹』『男はつらいよ』製作の熱血漢が生み出した、歴史に埋もれた大衆娯楽映画の数々――。現場に飛び散る汗、涙！　１９６０年代の映画屋たちの熱気が甦る。映画評論家、書評等絶賛！
四六判並製２５６頁・定価２２００円＋税

おしゃべり映画館　N雄とN子の21世紀マイベストシネマ

門馬徳行、岩舘範子・共著　映画対談集。１４７本をシネマフリークが語りつくす。
四六判並製４１６頁・定価２０００円＋税

観る・書く・撮る　シネマフリークここにあり

門馬徳行・著　フツーのおやじのヘンに熱っぽい映画評論プラス自作シナリオ集。
四六判上製３６８頁・定価２８００円＋税

侏儒の映画館

久保嘉之・著　渡哲也に魅せられた『無頼　黒匕首』、『続　荒野の用心棒』～『ジャンゴ　繋がれざる者』の系譜、『ブレードランナー』礼賛、バットマン論、乱歩作品の映画、母・祖父母を思い出す『牛の鈴音』——読んで愉しめ、映画がまた観たくなる一冊！　四六判並製５８８頁・定価２２００円＋税

ばってん映画論

久保嘉之・著　ジェームズ・ボンドと俺が初めて出会うたとは、忘れもせんクリクリ坊主の中学2年の秋やったばい——。注目の娯楽映画評論集！　四六判上製２４０頁・定価２０００円＋税

映画館をはしごして

小泉　敦・著　暗闇の空間での筆者と映画作家の〝対決〟！　観たものを言葉でとことん読み解く。
四六判並製２４０頁・定価１９００円＋税

人生は映画とともに

今市文明・著　青春時代の映画を語り、ヨーロッパのロケ地を旅し、スターを語る。
四六判並製２４０頁・定価１９００円＋税